TurnierGolf
für Amateure

Brigitte Neff

TurnierGolf für Amateure

Professionell vorbereiten
Erfolgreich spielen

blv

Inhalt

PAULANER
Deutsche Bank

Einführung

Es gibt Golf und es gibt Turniergolf

»Gestern habe ich mit meinem langjährigen Golfpartner eine super Runde, sogar ein Par auf meinem Horrorloch, gespielt. Hätte dieses Spiel gezählt, hätte ich mein Handicap unterspielt. Heute im Turnier habe ich wieder einmal total versagt. Ich habe mich sogar vor meinen Flightpartnern geschämt. Nichts war's mit dem Herunterspielen. Ich habe mich verschlechtert. Wer kann mir sagen, woran das liegt?«

»Wenn ich nur wüsste, was ich falsch mache. Immer wenn ich allein oder mit Freunden Golf spiele, bin ich gut. Spiele ich im Turnier, dann klappt überhaupt nichts mehr. Ich hatte am Anfang meiner Turnierzeit gute Ergebnisse, spielte mich schnell von 54 auf 36 herunter und dann auf Handicap 28. Jetzt spiele ich in keinem Turnier mehr mein Handicap. Ich bin für jeden Rat dankbar.«

»Als ich am Sonntag zum Turnierspiel antrat, war ich mir sicher, dass ich heute endlich ein gutes Ergebnis ins Clubhaus bringen würde. Ich hatte mir so viel vorgenommen für dieses Spiel. Mir sind in letzter Zeit einige tolle Schläge gelungen und ich war davon überzeugt, diese auch im Turnier anwenden zu können. Doch bereits nach dem ersten Abschlag am Turniertag war ich enttäuscht. Ich schlug ins Aus. Das ist mir auf der privaten Runde schon Jahre nicht mehr passiert. Und jetzt ausgerechnet im Turnier. Ich habe mich so darüber geärgert, dass mir kein Schlag mehr gelang und ich das Loch streichen musste. Und das sollte auch nicht das letzte Mal auf dieser Runde gewesen sein. Gibt es jemanden in der großen weiten Golfwelt, der mir erklären kann, was da abläuft?«

Solche und ähnliche Hilferufe von Golferinnen und Golfern sind nicht selten im Grünen Salon auf meiner Homepage: www.golfer-lounge.de zu finden. Meistens trägt dann ein anderer Salonbesucher seine Story über seine Turnier-Erfahrungen ein, selten jedoch erhält der Rat Suchende einen konkreten Tipp. Das Phänomen, als Hobbygolfer heute auf der privaten Golfrunde gut und morgen im Turnier schlecht zu spielen, kenne ich aus eigener Erfahrung und ich weiß, was in einem vorgeht, wenn wieder einmal eine Turnierchance verspielt wurde. Statt zu grübeln oder gar zu verzagen, habe ich mich intensiv über viele Golfjahre hinweg mit dem Thema »Golfspielen in Turnieren« beschäftigt, habe vor Ort auf den Golfplätzen sowie während vieler unterschiedlicher Golfturniere recherchiert und Turniergolf aus verschiedenen Perspektiven als aktiver Spieler und passiver Zuschauer betrachtet. Ich habe in einigen Golfbüchern nachgeschlagen und nach Tipps von erfolgreichen Golfern gesucht. Und ich wurde fündig in der Aussage des bedeutenden amerikanischen Amateurgolfers, Bobby Jones (1902–1971; erreichte mit 14 Jahren bei seinem ersten Spiel bei der US Amateurmeisterschaft 1916 das Viertelfinale): »Es gibt Golf und es gibt Turniergolf«. Was wollte Bobby Jones, der trotz vieler Golfturniersiege und Angebote sein Geld nicht immer als Golfprofi verdiente, sondern auch als Rechtsanwalt arbeitete, der Golfwelt damit mitteilen? Jones wollte uns Amateurgolfer darauf aufmerksam machen, dass es für uns zwei Arten von Golf gibt: das Golf, das wir allein oder zusammen mit bekannten und befreundeten Golfpartnern spielen,

Unterscheiden Sie zwischen Golf und Turniergolf.

um uns zu entspannen und Spaß zu haben, und das Golf, das wir im Turnier je nach Charakter und Ambitionen mehr oder weniger angespannt mit dem Ziel betreiben, ein besseres Handicap zu erlangen bzw. zu siegen. Das eine ist Golf und das andere ist dagegen Turniergolf.

Haben Sie zwischen Golf und Turniergolf bisher schon unterschieden? Nach der Lektüre dieses Buches und der Umsetzung der theoretischen sowie praktischen Tipps bzw. Checklisten werden Sie, ob Golfeinsteiger oder Fortgeschrittener, mit oder ohne Platzreife, mit hohem oder niedrigem Handicap, den Unterschied zwischen Golf und Turniergolf kennen und Ihre eigene Turniergolf-Strategie entwickeln können. Die Zusatzqualifikation: »Turniergolfer« wird Sie in Ihrem Selbstvertrauen stärken. Sie werden sich realistische Turnierziele setzen und sie auch erreichen. Gern unterstütze ich Sie dabei auch mit einem individuellen Online-Coaching, das ich Lesern dieses Buches als Service kostenlos auf meiner Homepage: www.golferlounge.de anbiete.

Nach der Methode von Bobby Jones, über den man sich erzählt, dass er Training für Zeitverschwendung hielt, sich stattdessen genaue Notizen machte, mit denen er sich intensiv auf seine Turniere vorbereitete, geht es in diesem Buch und im darauf aufbauenden Online-Coaching nicht um die Schlagtechnik, die Sie auf der Driving Range allein oder mit Ihrem Golfpro trainieren, sondern darum, wie Sie sich auf verschiedenen Ebenen: von der organisatorischen bis hin zur mentalen Vorbereitung und in unterschiedlichen Phasen: vom ersten Gedanken und der Auswahl der Turnierart, des Turnierortes, über den Tag vor dem Turnier, wenige Minute vor dem Turnierstart, über den Turnierverlauf bis zur Turniernachbereitung zum erfolgreichen Turniergolfer weiterentwickeln. Sie trainieren Ihre Persönlichkeit als Turniergolfer und nicht Ihre Schlagfähigkeit als Golfspieler. Michael Murphy sieht im Golfspiel »die Essenz jener Ansprüche, die die Welt an uns stellt: Koordination unserer Fähigkeiten und Glieder, Orientierung im Gelände und Verständigung mit dem Spielpartner«. Wie im Leben muss sich der Golfer Ziele setzen, Entscheidungen fällen, strategisch vorgehen, sich Herausforderungen stellen, mit schwierigen Situationen fertig werden, Schicksalsschläge ertragen, Fehlschläge und Erfolge verkraften. Parallelen zwischen Ihrem öffentlichen Auftritt im Leben und Ihrem Antritt zum Turnier können leicht gezogen werden. Sie werden das bei der Lektüre selbst schnell feststellen und sind dazu aufgefordert, bewusst Ihre ganz persönlichen Vergleiche zwischen Ihren Erfolgen im Beruf bzw. im Privatleben zu Ihren Siegen im Golfspiel anzustellen. Ob Sie sich nun auf eine Konferenz, einen Vortrag oder auf ein Turnierspiel vorbereiten, Sie werden ohne Plan und Strategie hier wie dort nicht weit kommen. Sie haben hier Lampenfieber, dort Golffieber, Sie haben hier Angst vor dem ersten Satz, dort vor dem ersten Schlag. Mangelndes Selbstvertrauen schadet hier wie dort, wie mich meine Erfahrung als Persönlichkeitscoach für öffentliche Auftritte und Business-Golf immer wieder lehrt. Was brauchen Sie im Leben wie im Spiel, wenn Sie erfolgreich sein wollen? Dieser Frage werden wir gemeinsam auf den folgenden Seiten nachgehen. Sie brauchen:

1. fundiertes Wissen,
2. passende Auftritte: Turniere, Wettspiele,
3. angemessene Ziele,
4. die richtige Strategie.

Offizielle Vorgaben- und Spielbestimmungen

Damit Golfer unterschiedlicher Spielstärke in Turnieren miteinander spielen können, wurde ein umfassendes und auf den ersten Blick nicht leicht zu verstehendes Vorgabensystem (Handicap) konzipiert, das zum Fachwissen eines Turniergolfers gehört. Als Grundlage des Vorgabensystems des Deutschen Golf Verbandes (DGV) dient das European Golf Association Handicap System des Europäischen Golf Verbandes (EGA). In Deutschland und Österreich gibt es jedoch nationale Abweichungen. Das Schweizer Vorgabensystem hält sich exakt an das EGA Handicap System. Es kommt im Vergleich zum Vorgabensystem des Deutschen Golf Verbandes und des Österreichischen Golf Verbandes zu kleinen Abweichungen. Auch die Teilnahmebedingungen für Turniere sind in Deutschland, Österreich und der Schweiz im Detail unterschiedlich.

Vorgabenklassen

Es gibt insgesamt sechs DGV-Vorgabenklassen:

Vorgabenklasse 1
DGV-Stammvorgaben bis 4,4
Vorgabenklasse 2
DGV-Stammvorgaben 4,5 bis 11,4
Vorgabenklasse 3
DGV-Stammvorgaben 11,5 bis 18,4
Vorgabenklasse 4
DGV-Stammvorgaben 18,5 bis 26,4
Vorgabenklasse 5
DGV-Stammvorgaben 26,5 bis 36,0
Vorgabenklasse 6
Clubvorgaben 37 bis 54

Mit der Platzerlaubnis (PE), auch Platzreife genannt, die dem Golfeinsteiger von seinem Golfclub erteilt wird, erhält er automatisch die Clubvorgabe 54. Diese ermöglicht es ihm, in Deutschland an bestimmten vorgabewirksamen Wettspielen teilzunehmen. Nach dem DGV-Vorgabensystem darf die erstmalige Erspielung einer Stammvorgabe (-36 oder besser) nur in einem vorgabewirksamen Wettspiel auf dem Heimatgolfplatz erfolgen. Hat der Golfer dieses Ergebnis in einem auswärtigen vorgabewirksamen Wettspiel erzielt, wird es vom Golfclub bzw. DGV nicht anerkannt.

Veränderung der Vorgabe

Für die Berechnung der Vorgabe gilt die Stableford-Wertung. Diese Zählart ist nach Dr. Frank Stableford of Wallasey benannt, der sie 1931 erstmals einführte. Sie wurde 1968 Bestandteil der internationalen Golfregeln. Bewertet wird nach einem Punktesystem. Ausgangspunkt ist das Par, die für einen sehr guten Golfer vorgesehene Schlagzahl auf einer Spielbahn. Jeder Golfplatz hat weltweit Par 3-, Par 4- und Par 5-Spielbahnen. Par 3-Löcher sind für Damen bis 192 und für Herren bis 229 m lang. Par 4 haben für Damen eine Länge zwischen 193 und 366 m und für Herren zwischen 230 und 430 m. Par 5 beginnen für Damen ab 367 m und für Herren ab 431 m.

Punktesystem: 2 und mehr Schläge über Par = 0 Punkte, 1 Schlag über Par = 1 Punkt, Par = 2 Punkte, 1 Schlag unter Par = 3 Punkte, 2 Schläge unter Par = 4 Punkte, 3 Schläge unter Par = 5 Punkte. Ein Spieler muss 36 Stableford-Nettopunkte erreichen, um seine Vorgabe genau zu bestätigen. Jeder Punkt mehr bedeutet eine Verbesserung, jeder Punkt weniger eine Verschlechterung der Vorgabe.

Das Vorgabensystem gehört zum Fachwissen eines Turniergolfers.

In vorgabewirksamen Turnieren kann der Turniergolfer seine Vorgabe verändern.

Herabsetzung der Vorgabe

Wer ein gutes Ergebnis in vorgabewirksamen Turnieren und privaten Runden im Rahmen des Extra Day Scores (EDS, siehe auch: Wettspiele, S. 19) erzielt, unterspielt seine Vorgabe bei jedem Punkt über 36 Stableford-Nettopunkte um 0,1 in der Vorgabenklasse 1, 0,2 in der Vorgabenklasse 2, 0,3 in der Vorgabenklasse 3, 0,4 in der Vorgabenklasse 4, 0,5 in der Vorgabenklasse 5 und 1,0 in den Clubvorgaben 37 bis 54.

Pufferzone

Ein Spieler, der mit seinem Turnierergebnis innerhalb der unten aufgeführten Pufferzone liegt, behält seine Vorgabe:

- DGV-Vorgabenklasse 1: Pufferzone 34 bis 36 Stableford-Nettopunkte,
- DGV-Vorgabenklasse 2: Pufferzone 34 bis 36 Stableford-Nettopunkte,
- DGV-Vorgabenklasse 3: Pufferzone 33 bis 36 Stableford-Nettopunkte,
- DGV-Vorgabenklasse 4: Pufferzone 32 bis 36 Stableford-Nettopunkte,
- DGV-Vorgabenklasse 5: Pufferzone 31 bis 36 Stableford-Nettopunkte,
- die Pufferzone in Klasse 1 liegt in der Schweiz zwischen 35 und 36 Stableford-Nettopunkten.

Heraufsetzung der Vorgabe

Nach jedem vorgabewirksamen Turnier bzw. jeder EDS-Runde, bei dem die DGV-Vorgabe nicht erreicht und die Pufferzone überschritten wurde, wird die Vorgabe um 0,1 heraufgesetzt. Von dieser Regelung ausgeschlossen sind Spieler mit Clubvorgaben zwischen 37 und 54.

Unterbricht der Spieler sein Turnierspiel, weil er keine Lust mehr hat, bzw. gibt er seine

Wettspielkarte (Scorekarte) nicht zurück, wird seine Vorgabe heraufgesetzt. Auf der Auswertungsliste wird dies mit »NR« (No Return) vermerkt. Muss er auf Grund einer Verletzung oder Krankheit das Wettspiel unterbrechen und liegt er zu dem Zeitpunkt nicht im Puffer, ist sein Spiel nicht vorgabewirksam. Bricht er ab und hat bereits genügend Punkte, um im Puffer zu sein, dann wird sein Spiel trotz »No Return« bewertet.

Verwaltung der Vorgabe

Die gesamte Verwaltung der Vorgabe übernimmt beim Club-Golfer der Golfclub, in dem er Mitglied ist. Im Sekretariat des Clubs wird für ihn ein Vorgabenstammblatt geführt. Die Ergebnisse der Turniergolfer unter den Mitgliedern der Vereinigung clubfreier Golfer (VcG) werden vom VcG verwaltet. Für die Turnierteilnahme auf fremden Golfplätzen wird das Vorgabenstammblatt

Handicap – Stammblatt

Britta Muster

Stammvorgabe : 21,8

Mitgliedsnummer : 24

Heimatclub : Golfclub Musterdorf e.V. (1234)

Mitgliedsnummer Heimatclub : 24

Ihr Stammblatt – Stand: 09.09.2004, 20:54 h **→ zur grafischen Darstellung**

HINWEIS: Bitte wenden Sie sich an Ihren Heimatclub, falls das Stammblatt nicht aktuell ist oder fehlerhafte Einträge enthält! Die Daten wurden von Ihrem Club wie hier angezeigt an das DGV-Intranet übertragen.

Gerne nehmen auch wir diesbezüglich Kontakt mit Ihrem Heimatclub auf – wenden Sie sich einfach an **support@mygolf.de**

Stammblatt drucken (PDF) »

(Bei Anzeigenproblemen bitte »Aktualisieren« im Browser drücken!)

Datum	Clubnr.	Bemerkung	WNSP	Par	Slope	Course	StV.	VW
08.09.2004	1234	Clubmeisterschaften Damen Runde 1	35	72	131	74,3	21,8	ja
10.10.2003	1234	Musterdorfer Open	32	72	128	73,3	21,8	ja
08.09.2002	1234	Clubmeisterschafen Damen Runde 1	24	72	131	74,3	21,8	ja
05.09.2003	1234	Musterdorfer Open	33	72	128	73,3	21,7	ja
08.08.2003	1234	Musterdorfer Open	27	72	128	73,3	21,7	ja
12.10.2002	1234	Musterdorfer Open	20	72	128	73,3	21,6	ja
26.04.2002	1234	Musterdorfer Open	29	72	128	73,3	21,5	ja

oft als Nachweis der Vorgabe verlangt. Für die Richtigkeit und Aktualität des Stammblattes ist jedoch nicht der Club, sondern der Golfspieler selbst verantwortlich. Die Regeln schreiben vor, dass vor Antritt eines Lochspiels die Spieler gegenseitig ihre jeweiligen Vorgaben feststellen und beim Zählspiel die Vorgabe vor Turnierbeginn bzw. vor dem Einreichen bei der Spielleitung überprüfen. Die Stammvorgabe (Exact Handicap) ist die Basis für die Berechnung des Handicaps, mit dem der Spieler im Turnier startet. Diese Spielvorgabe erhält der Golfer, wenn er seine Stammvorgabe an die Platzschwierigkeit des für das Turnier ausgewählten Golfplatzes: Course-Rating-Wert (CR) und Slope-Wert anpasst. Der CR-Wert gibt die Schlagzahl an, die ein sehr guter Golfer mit Vorgabe 0 (Scratch-Golfer) durchschnittlich unter normalen Platz- und Wetterbedingungen auf dem gesamten bewerteten Golfplatz benötigt. Der Slope-Wert, der zwischen 55 und 155 liegt, setzt die Schwierigkeitswerte eines Golfplatzes für sehr gute Golfer und durchschnittlich gute Golfer fest. Durch diesen Wert wird die Vorgabe des Spielers an die Schwierigkeiten des Golfplatzes angepasst. Die Berechnung der Spielvorgabe für den Turnierplatz erfolgt auf Grund einer Tabelle, die diese Werte berücksichtigt und im Clubhaus oder im Sekretariat der Golfanlage aushängt. Unter der Rubrik: »Turniere« auf der Homepage des Deutschen Golf Verbandes www.golf.de können die Werte für Golfplätze in der gesamten Bundesrepublik ermittelt werden. Für Teilnehmer von Turnieren übernimmt die Spielleitung die Berechnung der DGV-Stammvorgabe anhand der Formel: DGV-Stammvorgabe x Slope Rating : 113 – Course Rating + Par. Das Resultat wird auf der Scorekarte eingetragen. Der Turniergolfer muss sich weder mit der Entstehung noch mit der Lösung der Formel belasten. Die Verbände in Europa arbeiten kontinuierlich daran, die Vorgabenstammblätter der Teilnehmer immer professioneller zu verwalten und den Datentransfer bei Teilnahmen an auswärtigen Turnieren fehlerfrei und

DGV-Spielvorgabentabelle (Beispiel)

Golfclub Schnelles Grün e.V.

DGV-Spielvorgabe

Herren Hintere Abschläge CR = 72,7 SR = 130	Par = 70	Herren Mittlere Abschläge CR = 70,3 SR = 120	Par = 70	Damen Hintere Abschläge CR = 72,0 SR = 129	Par = 70	Damen Mittlere Abschläge CR = 70,4 SR = 126	Par = 70
DGV-Stammvorgabe	DGV-Spielvorgabe	DGV-Stammvorgabe	DGV-Spielvorgabe	DGV-Stammvorgabe	DGV-Spielvorgabe	DGV-Stammvorgabe	DGV-Spielvorgabe
+6,2 - +5,4	+4	+4,5 - +3,6	+4	+4,8 - +4,0	+3	+3,4 - +2,7	+3
+5,3 - +4,6	+3	+3,5 - +2,7	+3	+3,9 - +3,1	+2	+2,6 - +1,8	+2
+4,5 - +3,7	+2	+2,6 - +1,7	+2	+3,0 - +2,2	+1	+1,7 - +0,9	+1
+3,6 - +2,8	+1	+1,6 - +0,8	+1	+2,1 - +1,4	0	+0,8 - +0,0	0
+2,7 - +2,0	0	+0,7 - 0,1	0	+1,3 - +0,5	1	0,1 - 0,9	1
+1,9 - +1,1	1	0,2 - 1,1	1	+0,4 - +0,4	2	1,0 - 1,8	2
+1,0 - +0,2	2	1,2 - 2,0	2	0,5 - 1,3	3	1,9 - 2,7	3
+0,1 - 0,6	3	2,1 - 3,0	3	1,4 - 2,1	4	2,8 - 3,6	4
0,7 - 1,5	4	3,1 - 3,9	4	2,2 - 3,0	5	3,7 - 4,5	5
1,6 - 2,4	5	4,0 - 4,8	5	3,1 - 3,9	6	4,6 - 5,4	6
2,5 - 3,3	6	4,9 - 5,8	6	4,0 - 4,8	7	5,5 - 6,3	7
3,4 - 4,1	7	5,9 - 6,7	7	4,9 - 5,6	8	6,4 - 7,2	8
4,2 - 5,0	8	6,8 - 7,7	8	5,7 - 6,5	9	7,3 - 8,1	9
5,1 - 5,9	9	7,8 - 8,6	9	6,6 - 7,4	10	8,2 - 9,0	10
6,0 - 6,7	10	8,7 - 9,6	10	7,5 - 8,3	11	9,1 - 9,9	11
6,8 - 7,6	11	9,7 - 10,5	11	8,4 - 9,1	12	10,0 - 10,8	12
7,7 - 8,5	12	10,6 - 11,4	12	9,2 - 10,0	13	10,9 - 11,7	13
8,6 - 9,3	13	11,5 - 12,4	13	10,1 - 10,9	14	11,8 - 12,6	14
9,4 - 10,2	14	12,5 - 13,3	14	11,0 - 11,8	15	12,7 - 13,5	15
10,3 - 11,1	15	13,4 - 14,3	15	11,9 - 12,7	16	13,6 - 14,4	16
11,2 - 11,9	16	14,4 - 15,2	16	12,8 - 13,5	17	14,5 - 15,3	17
12,0 - 12,8	17	15,3 - 16,1	17	13,6 - 14,4	18	15,4 - 16,2	18
12,9 - 13,7	18	16,2 - 17,1	18	14,5 - 15,3	19	16,3 - 17,1	19
13,8 - 14,6	19	17,2 - 18,0	19	15,4 - 16,2	20	17,2 - 18,0	20
14,7 - 15,4	20	18,1 - 19,0	20	16,3 - 17,0	21	18,1 - 18,9	21
15,5 - 16,3	21	19,1 - 19,9	21	17,1 - 17,9	22	19,0 - 19,8	22
16,4 - 17,2	22	20,0 - 20,9	22	18,0 - 18,8	23	19,9 - 20,7	23
17,3 - 18,0	23	21,0 - 21,8	23	18,9 - 19,7	24	20,8 - 21,6	24
18,1 - 18,9	24	21,9 - 22,7	24	19,8 - 20,5	25	21,7 - 22,5	25
19,0 - 19,8	25	22,8 - 23,7	25	20,6 - 21,4	26	22,6 - 23,4	26
19,9 - 20,6	26	23,8 - 24,6	26	21,5 - 22,3	27	23,5 - 24,3	27
20,7 - 21,5	27	24,7 - 25,6	27	22,4 - 23,2	28	24,4 - 25,2	28
21,6 - 22,4	28	25,7 - 26,5	28	23,3 - 24,0	29	25,3 - 26,0	29
22,5 - 23,2	29	26,6 - 27,4	29	24,1 - 24,9	30	26,1 - 26,9	30
23,3 - 24,1	30	27,5 - 28,4	30	25,0 - 25,8	31	27,0 - 27,8	31
24,2 - 25,0	31	28,5 - 29,3	31	25,9 - 26,7	32	27,9 - 28,7	32
25,1 - 25,9	32	29,4 - 30,3	32	26,8 - 27,5	33	28,8 - 29,6	33
26,0 - 26,7	33	30,4 - 31,2	33	27,6 - 28,4	34	29,7 - 30,5	34
26,8 - 27,6	34	31,3 - 32,2	34	28,5 - 29,3	35	30,6 - 31,4	35
27,7 - 28,5	35	32,3 - 33,1	35	29,4 - 30,2	36	31,5 - 32,3	36
28,6 - 29,3	36	33,2 - 34,0	36	30,3 - 31,0	37	32,4 - 33,2	37
29,4 - 30,2	37	34,1 - 35,0	37	31,1 - 31,9	38	33,3 - 34,1	38
30,3 - 31,1	38	35,1 - 35,9	38	32,0 - 32,8	39	34,2 - 35,0	39
31,2 - 31,9	39	36,0 - 36,0	39	32,9 - 33,7	40	35,1 - 35,9	40
32,0 - 32,8	40			33,8 - 34,6	41	36,0 - 36,0	41
32,9 - 33,7	41			34,7 - 35,4	42		
33,8 - 34,5	42			35,5 - 36,0	43		
34,6 - 35,4	43						
35,5 - 36,0	44						

Tipps

1 **Erweitern Sie Ihr Fachwissen als Turniergolfer.**
Setzen Sie sich mit den Vorgaben- und Spielbedingungen auseinander, um Ihre Chancen, die sich Ihnen im Turniergolf bieten, besser einschätzen zu können.

2 **Sie sollten die Einteilungen der Vorgabenklassen und den Unterschied zwischen Stamm- und Spielvorgabe kennen.**

3 **Das Course-Rating- und Slope-Wert-System sowie dessen Einfluss auf die Festlegung der Vorgabe sollten Sie einem Nichtgolfer verständlich erklären können.**

unkompliziert zu ermöglichen. Bevor Sie sich zu einem Turnier außerhalb Ihres Golfclubs und auf auswärtigen Golfanlagen bzw. Wettspielen im Ausland anmelden, sollten Sie sich über die Formalitäten sowie Anerkennung der Ergebnisse beim jeweiligen Golfclub oder dem Turnierveranstalter erkundigen. Nach dem DGV werden nur im Ausland erzielte Wettspielergebnisse anerkannt, wenn die gespielten Turniere nach den Regularien des Austragungsortes als vorgabewirksam gelten. Zur Fortschreibung der Vorgabe werden die Netto-Stablefordpunkte (siehe Wettspiele, S. 18) benötigt, die auf einer Kopie der Zählkarte ausgewiesen sind und aus der die Nettopunkte ermittelt werden können. Es wird hierzu die Vorgabe zu Grunde gelegt, die dem Spieler von der Spielleitung des Turnierortes errechnet worden war.

Checkbox

1. Steht in Ihrem Bücherregal neben den Golfregeln auch das Handbuch: »Offizielle Vorgaben- und Spielbestimmungen« und haben Sie es auch schon benutzt?
2. Wie viele Vorgabenklassen gibt es im deutschen Vorgabensystem?
3. Wie sehen die einzelnen Stufen der Herauf- und Herabsetzung einer Vorgabe in den jeweiligen Klassen aus?
4. Wie setzen sich die Pufferzonen der einzelnen Vorgabenklassen zusammen?
5. Wozu wird ein Vorgabenstammblatt benötigt?

Wettspiele/Zählformen

Auf verschiedene Arten kann sich der Golfer im Wettspiel mit anderen Spielern messen. Über die Art des Wettspiels entscheidet die Spielleitung bzw. der Spielausschuss, in dem sich unter anderen der Spielführer des Clubs und einige Mitglieder wie der Jugendwart, Ladies- und Senior-Captain in regelmäßigen Sitzungen mit dem Spielbetrieb beschäftigen.

Zählspiel

Beim Zählspiel wird jeder Schlag gewertet und am Ende der Runde addiert. Der Golfer spielt so lange, bis er den Ball eingelocht hat. Benötigt ein Spieler an einem Loch besonders viele Schläge, belastet dies sein Ergebnis bis zum Schluss der Runde.

Zählspielvarianten

Zählspiel nach Regel 3: Hier werden alle Schläge zu einem Gesamtergebnis nach 18 Löchern zusammengezählt.

Zählspiel nach Stableford: Gezählt wird nach dem Punktesystem. Mit der Zählart nach Stableford kann das Spiel beschleunigt werden, weil der Spieler das Loch nicht zu Ende spielen muss, wenn er keinen Punkt mehr erreichen kann. Das Loch wird gestrichen und es erscheint keine Schlagzahl auf der Scorekarte.

Zählspiel gegen Par: Hier wird nach Zählspielregeln gegen das Par des jeweiligen Loches gespielt. Spielt ein Golfer ein Loch besser als Par ist er der Gewinner. Spielt er das Loch dagegen schlechter als Par verliert er gegen das Loch.

Es gibt verschiedene Zähl- sowie Wertungsweisen und unterschiedliche Arten von Wettspielen.

Lochspiel

Im Lochspiel spielen zwei Golfer direkt gegeneinander. Sieger ist der, der die meisten Löcher gewonnen hat. Loch für Loch wird jeweils abgerechnet. Der führende Spieler liegt »auf«, »up« bezeichnet, der nicht führende Spieler »ab«, also »down«. Haben beide gleich viele Löcher gewonnen, liegt man »square«. Das Loch muss nicht zu Ende gespielt werden. Es kann ein Loch aufgegeben und geschenkt werden.

Jahreslochwettspiel

Nach jeder Runde scheidet der Verlierer aus und der Gewinner kommt weiter. Bei

Gleichstand nach 18 Löchern wird das Spiel so lange fortgesetzt, bis einer der beiden das Loch gewinnt. Diese Art des Stechens wird »sudden death« genannt.

Mannschaftslochspiel

Beim Mannschaftslochspiel treten meistens mehrere Vereine gegeneinander an. Jedes gewonnene Spiel bringt einen Punkt für die Mannschaft. Unentschiedene Lochspiele zählen einen halben Punkt. Der Sieger ist schließlich die Mannschaft mit den meisten Punkten.

Vierer

Zwei Spieler sind Partner, die sich beim Abschlagen und beim Spielen desselben Balles abwechseln. Für die Nettowertung wird die Hälfte der addierten Vorgaben der Spieler gegeben.

Vierball

Zwei Spieler sind Partner. Jeder spielt seinen eigenen Ball. Das bessere Ergebnis je Loch (ob Loch- oder Zählspiel) wird als Resultat der beiden Partner gewertet. In der Bruttowertung ist das bessere Lochergebnis entscheidend, in der Nettowertung wird die Vorgabe jedes Partners von dessen Schlägen abgezogen und verglichen.

Details zu Turnierformen

Erkundigen Sie sich in den vom Golfverband herausgegebenen Informationsbroschüren zu Spielformen über die Details der jeweiligen Spielabläufe.

Vorgabewirksame Wettspiele

Der Turniergolfer kann seine Vorgabe nur im Rahmen eines Zählspiels und nicht im Lochspiel verändern. In den Ausschreibungen der Wettspiele wird ausdrücklich darauf hingewiesen, ob es sich um ein vorgabewirksames Turnier wie zum Beispiel den Monats-Cup handelt bzw. um ein nicht vorgabewirksames Spiel wie ein Unterhaltungswettspiel. In den offiziellen Turnier-Ausschreibungen wird der potenzielle Turnierteilnehmer informiert über:

- Austragung: zum Beispiel Zählspiel,
- Termin und Startzeit,
- Abschläge: Herren: gelb, Damen: rot. Jeder Golfplatz muss an jeder Spielbahn mindestens zwei Zählspielabschläge haben, so genannte Standardabschläge. Das sind mittlere Damen- und Herrenabschlagspositionen: rot für die Damen und gelb für die Herren. Maximal gibt es noch zwei weitere Zählspielabschläge für Damen und Herren, die geringere oder größere Bahnlängen bieten: vorderer Damenabschlag: orange, hinterer Damenabschlag: schwarz; vorderer Herrenabschlag: blau, hinterer Herrenabschlag: weiß. Der Spieler kann nicht selbst bestimmen, von welcher Abschlagsposition (für die Herren: blau, gelb, weiß bzw. für die Damen: orange, rot, schwarz) er bei einem vorgabewirksamen Wettspiel jeweils abschlägt. Die Spielleitung legt dies fest, zum Beispiel durch eine Farbe für alle Teilnehmer oder verschiedene Abschläge für Teilnehmergruppen,
- Spielbedingungen: Gespielt wird nach den Offiziellen Golfregeln des Deutschen Golf Verbandes e.V. und den Platzregeln des Golfclubs. Das Wettspiel wird nach dem DGV-Vorgabensystem ausgerichtet,
- Vorgabewirksamkeit,
- Teilnahmeberechtigungen: zum Beispiel Vorgabengrenze: 36; Höchstzahl der Teil-

nehmer: zum Beispiel 100/davon 20 online angemeldete Spieler. Es wird eine Warteliste geführt,

- Wertung: zum Beispiel Brutto-Wertung getrennt nach Damen und Herren, Netto-Wertung: beispielsweise für Damen und Herren in drei Preisklassen: Klasse 1 bis 18,4; Klasse 2: 18,5 bis 26,4; Klasse 3: 26,5 bis 36,0,
- Zusammenstellung der Spielergruppen: nach Vorgaben, zum Beispiel beginnend mit dem niedrigsten Handicap oder sonstigen Kriterien der Spielleitung,
- Anmeldung,
- Anmeldeschluss,
- Startgebühr (Nenngeld) für Mitglieder/Jugendliche und Greenfeespieler unterschiedlich hoch,
- Preise: Brutto, Netto,
- Spielleitung,
- Startzeiten-Abfrage.

Spielbewertung bei ungünstigen Spielbedingungen

Hat die Spielleitung ein Wettspiel abgebrochen und liegen bereits Wettspielergebnisse von Spielern vor, die die Runde beendet haben, werden diese auch vorgabewirksam berücksichtigt. Dies trifft auf die Bestätigung, Unter- und Überspielung der Vorgabe zu.

Liegen bei einem vorgabewirksamen Wettspiel weniger als zehn Prozent der gestarteten Turnierteilnehmer in der Pufferzone bzw. besser ist ein unter ungünstigen Wettspielbedingungen wie Witterungs- und Platzbedingungen durchgeführtes Turnier nicht vorgabewirksam. Die Spielleitung prüft, ob die Umstände ausreichen, um ein Spiel entsprechend zu bewerten.

Vorgabenschläge

Beim Zählspiel nach Stableford erhält der Golfer auf bestimmten Löchern Vorgabenschläge. Es fällt unter die Verantwortlichkeit des Spielers, dass er weiß, an welchen Löchern ihm Vorgabenschläge gewährt werden und wo er sie in Anspruch nehmen darf. Auf welchen Löchern er sich diese Vorgabenschläge anrechnen kann, liest er in der Spalte Hcp (Handicap) auf der Scorekarte ab. Hierzu ein Beispiel: Hat der Spieler die Vorgabe 26, darf er auf den Löchern 1 bis 18 jeweils einen Vorgabenschlag notieren. Die Differenz zwischen 26 und 18, also acht Schläge, verteilt er wieder von vorne auffüllend auf die acht schwersten Löcher. Er bekommt dann für die acht schwersten Löcher jeweils zwei Vorgabenschläge und für die weiteren zehn Löcher jeweils einen Vorgabenschlag.

Brutto- und Nettopunkte

Es gibt zwei Wertungen beim Zählspiel nach Stableford: eine Brutto- und eine Netto-Wertung. Spielt ein Golfer auf einem Par 5-Loch ein Bogey, also eine sechs, liegt er brutto einen Schlag über Par und erhält einen Brutto-Stableford-Punkt. Hat der Spieler auf diesem Loch auf Grund der Schwierigkeitsrangfolge der Löcher einen Vorgabenschlag, wird dieser für die Netto-Wertung abgezogen. Er hat dann 6 – 1 = 5 Netto-Schläge, das bedeutet Par und ihm werden dafür zwei Netto-Stableford-Punkte angerechnet. Die Brutto-Wertung an diesem Loch lautet also ein Stableford-Punkt und bei der Netto-Wertung erhält er zwei Stableford-Punkte.

Diese Berechnungen beziehen sich alle auf das Spiel über 18 Löcher. In Schweden, Finnland, Spanien, Norwegen und den Niederlanden sind jedoch auch Neun-Löcher-Runden vorgabewirksam. In Deutschland hat der DGV im Jahr 2004 auf zwölf Golfanlagen ein Pilotprojekt zum vorgabewirksamen Spiel von Neun-Löcher-Runden durchgeführt. Zur Ermittlung der Stammvorgaben-Änderung wurden zu den Stableford-Netto-Punkten der gespielten neun Löcher entsprechend der Regelung der EGA für die verbleibenden neun Löcher 18 Punkte als Basiswert dazu addiert. Die Pufferzonen wurden jeweils halbiert. Die Spielvorgaben der Spieler wurden anhand eines speziellen Neun-Löcher-Course-Ratings und Slope-Werts ermittelt. Ob in Deutschland zukünftig auch das Spiel über neun Löcher vorgabewirksam ist oder nicht, wird laut DGV frühestens für die Spielsaison 2007 und zur turnusmäßigen Überarbeitung des DGV-Vorgabensystems umgesetzt.

Mit einem Golffreund als Zähler ist eine vorgabewirksame Privatrunde möglich.

Extra Day Score (EDS)

Unter dem Extra Day Score versteht man eine vorgabewirksame Privatrunde mit einem befreundeten, bekannten oder sonstigen Golfpartner als Zähler mit einer Vorgabe von mindestens 36, in der Golfer mit Vorgaben zwischen 54 und 11,5 ihr Handicap entsprechend eines vorgabewirksamen Turniers verändern können. Golfer mit einer Vorgabe zwischen 26,4 und 11,5 dürfen sich nur zu so vielen EDS-Runden anmelden, wie sie bereits an vorgabewirksamen Turnieren teilgenommen haben. Golfspieler mit einer Vorgabe zwischen 54 und 26,5 können so oft EDS-Runden spielen wie sie wollen. Der Sprung von der Clubvorgabe zur Stammvorgabe 36 ist nach den Regelungen des DGV nur im Rahmen eines vorgabewirksamen Wettspiels möglich. Zulässige Spielformen sind: Einzel-Zählspiel nach DGV-Regel 3, Zählspiel nach Stableford gemäß Regel 32 oder Zählspiel gegen Par über 18 Löcher. Vor dem Spiel müssen Sie die Runde im Clubsekretariat anmelden.

Der EDS-Spieler muss die vorgabewirksame Privatrunde auf seinem Heimatplatz spielen. VcG-Spieler können sich für die Extra Day Scores-Runden Golfplätze auswählen, auf denen sie auch als Greenfeespieler zugelassen sind. Dabei legen sich VcG-Mitglieder mit der Wahl des Golfplatzes fest, auf dem sie innerhalb eines Kalenderjahres zum ersten Mal die vorgabewirksame Privatrunde spielen. Sie können sich dann auf keinem anderen Golfplatz mehr für weitere EDS-Runden anmelden.

Bevor Sie sich als VcG-Spieler für eine EDS-Runde entscheiden, erkundigen Sie sich rechtzeitig bei dem ausgewählten Golfclub, ob bzw. wann er VcGler als Spieler zulässt. Manche Clubs veranstalten an bestimmten Tagen EDS-Spiele und vergeben Startzeiten. Meistens wird vom Club auch eine geringe Bearbeitungsgebühr verlangt. Als VcG-Spieler sind Sie nicht berechtigt, nach dem Turnier Ihre vom Zähler unterschriebene Scorekarte beim VcG einzureichen. Dies muss die Verwaltung des Golfclubs tun, auf dem Sie als VcG-Spieler gespielt haben. Eine böse Überraschung erlebte eine Golferin, die ordentliches Mitglied in zwei deutschen Golfclubs ist und deshalb zwei Heimatgolfplätze hat. Sie ging davon aus, dass sie sich aussuchen darf, auf welchem Heimatgolfplatz sie ihre EDS-Runde spielen darf. Bei der Einreichung ihrer Scorekarte im Clubsekretariat wurde ihr dann mitgeteilt, dass das Spiel nicht vorgabewirksam gewertet werden könne, da sie nicht auf ihrem Heimatgolfplatz gespielt habe. Sie könne nur einen Golfplatz als Heimatgolfplatz festlegen. Das sei der Club, dessen Sekretariat mit der Verwaltung des Handicaps beauftragt wurde. Auf diesem Golfplatz müsse sie EDS spielen.

Tipps

1 **Bereiten Sie die Extra-Day-Score-Runde sorgfältig vor, um ärgerliche Formfehler auszuschließen.**

2 **Erkundigen Sie sich bei der Verwaltung der Golfanlage, welche organisatorischen Bedingungen Sie als EDS-Spieler erfüllen müssen und welche Spielformen zugelassen sind.**

3 **Melden Sie Ihre Runde als Club-und VcG-Mitglied rechtzeitig im Sekretariat der Golfanlage an.**

4 **Verwenden Sie dazu zum Beispiel das folgende Informationsblatt (siehe auch: Klappe) um alle Angaben aufzulisten und als Fax oder Anhang einer E-Mail an das Club-Seketariat vorab zu schicken bzw. am Tag des Wettspiels persönlich vor dem Spiel abzugeben.**

Verbindliche Anmeldung zur EDS-Runde	
Vor- und Zuname des Turnierspielers:	Marina Müller
Status: Club-Mitglied oder VcG-Spieler	Heimatclub
Handicap des Turnierspielers:	30
Vor- und Zuname des Zählers:	Peter Meisel
Handicap des Zählers: Beweis vorlegen und Club-Status	26, Mitglied des Golfclubs Musteranlage in Golfstadt, Kopie des Club-Ausweises als Anlage
Bezeichnung des Zählspielabschlages: Damen/Herren:	Damen: rot
Spielform:	Einzel-Zählspiel
Termin und Uhrzeit der EDS-Runde:	Montag, 12.4., 10.00 Uhr, wie tel. mit dem Clubmanager, H. Schneider, am 5.4.2004 besprochen

Sonderwettspiele

Nearest to the Pin: Wer am nächsten auf dem Grün im Bereich der Fahne liegt, erhält den Preis, der für Nearest to the Pin ausgesetzt ist. Mit einem Metermaß messen die Flightpartner den Abstand vom Ball ihres Partners bis zur Fahne und schreiben das Ergebnis zusammen mit dem Namen des Spielers auf eine Tafel, die in der Nähe des Grüns steckt.

Longest Drive: Wer den weitesten Abschlag auf dem Fairway platziert, ist Sieger des Longest Drive. Ein Schild mit einer Liste, in die alle Namen der Golfer, die mit ihrem Ball das Fairway entsprechend weit getroffen haben, eingetragen werden, wird immer weiter in Richtung Loch entsprechend des letzten Schlages ins Fairway gesteckt, sodass für alle nachfolgenden Spieler erkenntlich ist, wie weit sie nun schlagen müssen, um im Spiel um den Longest-Drive-Preis zu bleiben.

Vierer mit Auswahldrive: Zwei Spieler sind Partner. Beide schlagen von jedem Abschlag ab. Ein Ball, der abwechselnd weitergespielt wird, wird ausgesucht. 0,6 der niedrigeren Vorgabe und 0,4 der höheren Vorgabe ergeben die gemeinsame Vorgabe für die Partner.

Chapman-Vierer: Beide Spieler schlagen ab und spielen jeweils den nächsten Schlag mit dem Ball des Partners. Danach wird einer der beiden Bälle abwechselnd weitergespielt. Da nach zwei Schlägen jeder Spieler zwei Mal geschlagen hat, wird als Vorgabe der durchschnittliche Vorgabenwert der beiden Spieler ohne Gewichtung vergeben.

Turnierarten

Über 30 000 Golf-Turniere im Jahr werden in Deutschland veranstaltet. Mit steigender

Die Zahl der Golfturniere steigt in Deutschland stetig.

Zahl der Golfer erhöht sich auch von Golfsaison zu Golfsaison die Anzahl der Turniere. Einsteiger, Fortgeschrittene, Rabbits (Anfänger) und Tiger (Fortgeschrittene), Historiker, Nostalgiker und Romantiker unter den Golfern kommen genauso auf ihre Kosten wie Früh- und Nachtgolfer, Handicap-Jäger, Trophäensammler, Linkshänder, Sonntagsgolfer und Montagsspieler.

Clubinterne Turniere

Jeder Golfclub erstellt seinen eigenen Veranstaltungs- und Wettspielkalender, den er in gedruckter oder in Online-Version seinen Mitgliedern rechtzeitig zu Saisonbeginn zur Verfügung stellt. Mit den Turnieren werden verschiedene Zielgruppen angesprochen: Männer, Frauen, Jungsenioren, Senioren, Ladies, Kinder und Jugendliche, Anfänger, Einsteiger, Spieler mit Platzreife, ohne Handicap oder mit Handicap. Die Spielleitung ist für die Ausschreibung der Turnierbedingungen verantwortlich. An clubinternen Turnieren dürfen nur Mitglieder teilnehmen, Greenfeespieler sind nicht zugelassen. Eines der größten Eintag-Turniere Deutschlands für Clubmitglieder wurde zum Beispiel mit über 400 internen Turnierteilnehmern auf dem SAP-Golfplatz des Software-Giganten Dietmar Hopp gespielt. Eine Meisterleistung der Clubverwaltung, dies reibungslos zu organisieren und vier Mal so viele Teilnehmer wie üblich, ohne Verlust der Turnierqualität auf die Runde zu schicken, sowie deren Ergebnisse professionell schnell auszuwerten. Eine Glanzleistung der Turnierteilnehmer, sich bei dieser großen Teilnehmerzahl zu behaupten und sich so zu verhalten, dass der Spielfluss und der Spielverlauf jedes einzelnen Spielers nicht erheblich gestört werden. Ein Mal im Jahr werden in jedem Golfclub zeitgleich in Deutschland die Clubmeisterschaften für Clubmitglieder als Zählspiel an zwei Tagen hintereinander ausgetragen. Mitglieder mit maximaler Stammvorgabe 36 können antreten. Die Wertung findet in drei Klassen: 1. bis 3. Brutto Herren, 1. bis 3. Brutto Damen, 1. bis 3. Seniorinnen/Senioren statt. Wer den Cut nach dem ersten Turniertag nicht schafft, hat am nächsten Tag turnierfrei. Scheuen Sie sich nicht, sich zu den Clubmeisterschaften anzumelden. Auch wenn Sie sich keine Chancen auf einen Meistertitel ausrechnen. Dabei sein ist alles, sollte Ihr Leitspruch als Turniergolfer sein.

Offene Turniere

Zu offenen Turnieren der Golfclubs dürfen sich externe Golfer anmelden, soweit sie die geforderten Spielbedingungen des jeweiligen Turniers erfüllen. Oftmals veranstalten Golf-

Tipp

Als turnierunerfahrener Golfer sollten Sie zunächst Turniere in Ihrem Heimatclub spielen und nicht gleich als Greenfeespieler bei Turnieren auf unbekannten Plätzen antreten.

clubs in einer Woche während der Hochsaison mehrere Turniere für Heim- und Greenfeespieler. Durch die Vernetzung vieler Clubs und Golfverbände ist es für den Turniergolfer sehr leicht, das passende Turnier in seinem Club oder auf einer anderen Golfanlage übers Internet auszuwählen und bequem online zu buchen.

VcG-Turniere

Die Vereinigung clubfreier Golfer (VcG) veranstaltet speziell für ihre Mitglieder eigene offene Turniere: zum Beispiel Jagden auf das Handicap für Spieler mit Clubvorgabe 37 bis 54, VcG-Trophies für Golfer der Vorgabenklassen 1 bis 5 und ein Clubmeisterschaftsfinale. Die Spiele finden auf verschiedenen Golfplätzen statt. Der VcG ist als ordentliches Mitglied des Deutschen Golf Verbandes berechtigt, Handicaps zu vergeben und zu verwalten. Der erfolgreiche Abschluss der Green-Card-Prüfung ist für VcG-Mitglieder die Voraussetzung für die Verwaltung eines Handicaps. Nicht akzeptiert werden Platzerlaubniszertifikate, die von deutschen oder ausländischen Golfclubs ausgestellt wurden. Mit der Green Card, die der Platzreife der Clubmitglieder entspricht, können VcG-Mitglieder auf Golfanlagen spielen, die mit der VcG zusammenarbeiten. Auf der Homepage der VcG können die erforderlichen Informationen abgerufen werden. Die Anmeldung zu einem Turnier kann übers Internet, per Post oder Fax erfolgen.

Kundenturniere

Immer mehr Unternehmen nutzen den Golfplatz als Kommunikationsplattform und das Golfspiel als Medium, um Kundenpflege zu betreiben. Vom weltweiten Autohersteller über nationale Banken bis hin zum regionalen Handwerk, von Airtours, A-Rosa über Capri Sonne und Gerling Konzern bis hin zu Lancaster, Saab und Wellendorf werden Turniere für die golfende Kundschaft organisiert.

Wohltätigkeitsturniere

Nicht nur Profis, sondern auch viele Promis tummeln sich auf den Golfplätzen, um für Wohltätigkeitszwecke bei Charity-Turnieren mitzuspielen. In keiner anderen Sportart wie Golf kommen Sie so nah an Prominente aus Sport (zum Beispiel Franz Beckenbauer, Uwe Seeler, Boris Becker, Sven Ottke), Show (wie Uschi Glas, Sascha Hehn, Michael Lesch, Rudi Carrell, Howard Carpendale) und Topmanager aus der Wirtschaft heran. Ein beliebter Promiplatz ist der SAP-Golfclub in St. Leon-Rot. Hier finden regel-

Tipp

Wenn in Ihrer Branche noch kein Golf-Wettspiel angeboten wird, machen Sie doch bei einer der nächsten Verbandssitzungen oder Branchengespräche den Vorschlag, nachzufragen, wer unter Ihren Kollegen daran Interesse hätte.

mäßig Turniere mit prominenten Amateur- und Profigolfern aus der ganzen Welt statt. Tiger Woods war auch schon dort.

Pro/Am-Turniere:

Vor bedeutenden Profi-Turnieren können zur Einführungsrunde Profi- und Amateurgolfer zusammen eine Golfrunde spielen. Das Vorgabensystem des Golfspiels ermöglicht es, drei Amateure (Am) mit einem Profi (Pro) auf die Runde zu schicken.

Suchen Sie sich Turniere Ihres Geschmacks aus.

Turnierabläufe

So vielfältig wie die Turnierarten sind auch ihre Abläufe. Es beginnt schon mit den Startzeiten, die sich je nach Teilnehmerzahl über den gesamten Tag verteilen können. Die Startzeiten können nach den Handicaps vergeben werden: Zuerst gehen die Golfer mit niedrigem Handicap an den Start. Die Zusammensetzung der Flights wird vom Spielausschuss bzw. der Spielleitung bestimmt: Es kann sein, dass ein Golfer mit niedrigerem Handicap zusammen mit einem Golfer mit mittlerem und einem Spieler mit hohem Handicap auf die Turnierrunde geht.

Kanonenstart

Die Uhrzeit des Turniers wird ebenfalls von der Spielleitung festgelegt. Bei einem Kanonenstart, der wie der Name schon sagt, von einem lauten Geräusch durch den Abschuss einer Rakete oder einer Leuchtkugel begleitet wird, spielen alle Turnierteilnehmer zur gleichen Zeit. Jeder Flight beginnt an einem anderen Loch. Bei einer großen Anzahl von Teilnehmern können auch Löcher doppelt besetzt werden, das heißt, zum Beispiel die

Gruppe am Loch 4 startet mit dem Kanonenschlag. Der zweite auf diesem Loch platzierte Flight schlägt zehn Minuten später ab. Bei manchen Turnieren, zum Beispiel gesponserten Wettspielen, gibt es eine Rundenverpflegung am 9. Loch bzw. ein Lunchpaket, das mit den Startunterlagen verteilt wird, oder einen mobilen Service, der die Spieler auf der Runde versorgt. Bei Firmenturnieren für Kunden werden oftmals auch Werbepräsente am Start verteilt. Der Turniertag wird eventuell mit einem Abendprogramm beendet. Erkundigen Sie sich, ob es eine Rundenverpflegung während des Turniers gibt und stimmen Sie darauf Ihre eigene Versorgung ab. Sich darauf zu verlassen, mit Essen und vor allem Getränken beliefert zu werden, ist nicht zu empfehlen, da Sie dann eventuell in der größten Hitze ohne ausreichend Trinkwasser spielen müssen und Ihren Flüssigkeitshaushalt strapazieren.

Siegerehrung

Attraktive Preise winken den Gewinnern der Turniere und Sonderwettspiele: vom Silber-Pokal über die Glas-Trophäe bis zur Kunst-Skulptur, vom Gutschein, der Obstschale, dem Becher über Flachmänner oder Zigarrenetuis bis hin zum Hotel-Weekend, zur Golfreise oder Golfausrüstung. Die Siegerehrungen finden nach der Auswertung aller Scorekarten statt. Wer früh startet, muss akzeptieren, lange warten zu müssen, je nachdem wie groß die Teilnehmerzahl ist. Manche Clubs sind konsequent und vergeben keine Gewinne an Spieler, die bei der Preisverleihung nicht anwesend sind bzw. sich nicht entschuldigt haben. Der nächste Spieler mit dem zweitbesten Ergebnis auf der Gewinnliste rückt dann einfach nach.

Teilnahmeberechtigungen

Ob die jeweiligen Turnierbedingungen erfüllt sind und der Golfer berechtigt ist, an einem bestimmten Turnier teilnehmen zu können, überprüft jeder Spieler vor der Auswahl bzw. der Anmeldung zum Turnier selbst. Er ist auch dafür verantwortlich, dass er stets mit der aktuellen Stammvorgabe zu einem Turnier antritt. Der Spieler überprüft vor dem Turnierstart die Angaben auf seiner Scorekarte und klärt Abweichungen noch vor Spielbeginn. Stimmt seine Stammvorgabe nicht, weil zum Beispiel die letzte Heraufsetzung nicht berücksichtigt wurde, und er stellt dies nicht rechtzeitig richtig, wird er disqualifiziert. Hat der Spieler sein Handicap heruntergespielt und dies nicht gemeldet oder wurde im Clubsekretariat vergessen, die neue Bewertung zu registrieren, so wird

Turniergolf bringt Abwechslung in Ihr Spiel.

Tipps

1	**Gewöhnen Sie sich an, wenige Tage nach Ihrem Turnier und rechtzeitig vor dem nächsten Wettspiel, auf der Handicap-Liste in Ihrem Club die Aktualität Ihrer Vorgabe zu überprüfen.**
2	**Warten Sie mit der Korrektur nicht bis zum nächsten Turnierstart, klären Sie das sofort, um sich dann ganz Ihrer Turniervorbereitung widmen zu können.**

er nicht disqualifiziert. Zur Berechnung wird die richtige Vorgabe berücksichtigt. Es gibt Golfturnierveranstalter und Clubs, die bei der Anmeldung von clubfremden Spielern zum Turnier das aktuelle Vorgabenstammblatt verlangen. Der Golfer ist verpflichtet, seinem Heimatclub, also dem Club, der seine Stammvorgabe verwaltet, oder beim clubfreien Golfer der VcG, ohne Verzögerung alle vorgabewirksamen Ergebnisse zu melden. Dafür legt er die Zählkarte mit Angabe von Datum, Ort, Course-Rating-Wert und Slope-Wert sowie Par, Art des Spiels mit Brutto- und Netto-Wertung des vorgabewirksamen Turniers vor. Reicht der Spieler eine Ergebnisliste des Turniers, das er gespielt hat, ein, müssen darauf die erzielten Stableford-Netto-Punkte angegeben sein.

Turnierverwaltung

Die meisten Golfclubs veröffentlichen auf ihren Homepages Turnierkalender mit ausführlichen Ausschreibungen, die der Turnierinteressent abrufen kann. Viele Golfclubs ermöglichen auch eine Online-Anmeldung. Noch mehr Arbeit bei der Auswahl der Turniere, Anmeldung und Verwaltung der Turnierergebnisse wird Golfern abgenommen, die bei www.mygolf.de (Zugang auch über www.golf.de möglich) registriert sind. Hier werden unter der Rubrik: »Mein Handicap« Ihre Turnierspiele und Ihr Handicap verwaltet.

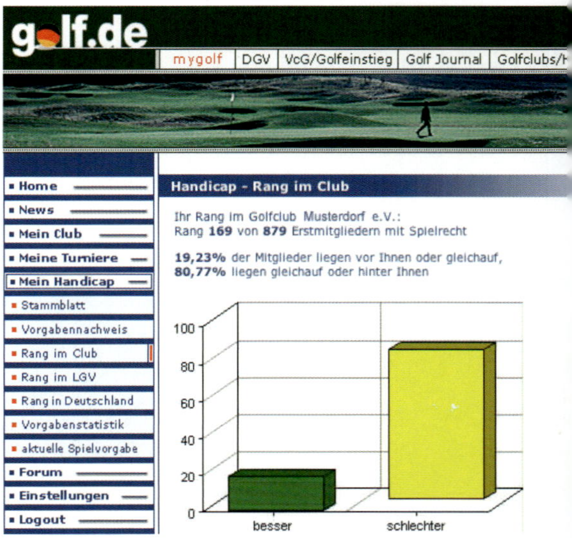

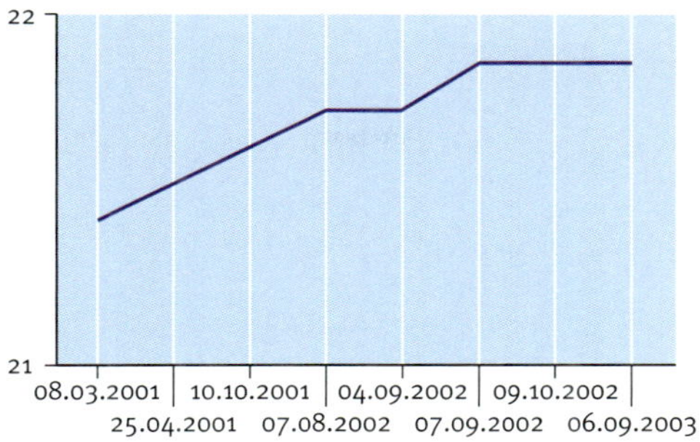

Checkbox

1 Sie beschäftigen sich mit Ihrer Turniergolf-Bilanz ausführlich nach dem jeweiligen Turnier?

2 Sie verfolgen die Entwicklung Ihrer Turnieraktivitäten anhand aktueller Statistiken über Ihre Spielergebnisse?

3 Es interessiert Sie, an wievielter Stelle der Handicap-Liste Sie in Ihrem Club, im Land und im Bundesdurchschnitt stehen?

Wenn Sie wissen wollen, an wievielter Stelle der Handicap-Rangliste Sie in Ihrem Club stehen, im Vergleich zu den weiblichen und männlichen Clubmitgliedern, bzw. wie Sie im Landes- und Bundesvergleich abschneiden, können Sie sich dies schwarz auf weiß bzw. auf farbigen Grafiken vor Augen führen. Auch die Vorgabenstatistik wird an dieser Stelle geführt. Die Anmeldung und Anwendung der Homepage ist anwenderfreundlich gestaltet, sodass auch nicht routinierte Internetsurfer damit sehr gut zurechtkommen. Zur Erstregistrierung benötigen Sie die Mitgliedsnummer Ihres DGV- bzw. VcG-Ausweises. Schritt für Schritt werden Sie bis zur endgültigen Registrierung und Aufnahme begleitet, sodass der Vorgang in wenigen Minuten abgeschlossen ist. Das Portal ist passwortgeschützt. Außer Ihnen hat niemand Zugang zu Ihren persönlichen Daten. Dieser Rund-um-Service für Turniergolfer ist kostenlos.

Bei www.mygolf.de werden Ihre Turnierergebnisse professionell verwaltet.

Cleveland

Die persönliche Entscheidung für Turniergolf

Turniergolfer fordern sich immer wieder selbst heraus.

Warum Turniergolf?

»Sie spielen Golf? Was haben Sie denn für ein Handicap?« Dieser Frage von Nichtgolfern müssen sich Golfer oft stellen, ohne dass die Fragenden wissen, was ein Handicap ist, wie es sich berechnet und vor allem, wie man zu einem Handicap gelangt. Golf und Handicap gehören für sie zusammen. Dass man, um ein Handicap zu bekommen, ganz bestimmte Golfturniere spielen muss, ist nicht jedem bekannt. Dass diese Golfturniere auch zeitaufwändig und zum Teil sehr anstrengend sind, weiß auch nur derjenige, der schon sechs Stunden, fast ein ganzer Arbeitstag, auf dem Golfplatz verbracht hat, um im Turnier zusammen mit vielleicht 100 Teilnehmern in Vierer-Flights seine Spielstärke zu messen. Er kennt jedoch auch das Gefühl, nach einem anstrengenden Golftag auf die eigene Leistung und das Turnierergebnis stolz sein zu dürfen.

Nicht nur, um zukünftig die obige Frage ahnungsloser Nichtgolfer selbstbewusst beantworten zu können, sollten Sie Turniere spielen, sondern auch, um sich in einer der schönsten Sportarten voll entfalten zu können, sich in Ihrer Spielstärke weiterzuentwickeln und sich den gesunden Ehrgeiz zu gönnen, besser als andere sein zu wollen. Nutzen Sie Turniergolf, um sich immer wieder selbst herauszufordern, sich Ziele zu stecken und sie locker zu erreichen. Die Freude am Golfspiel steigt mit dem Ansporn, sich aus dem laut DGV-Statistik mit über 60 Prozent starken Feld der Handicaper zwischen 54 und 26,5 zu lösen. Es muss ja nicht gleich ein Handicap-Jäger oder Trophäen-Sammler aus Ihnen werden. Hauptsache, Sie zählen nicht zu den Golfern, die nie oder ganz selten Turniere spielen und sich dadurch einem sehr reizvollen Bereich des Golfspiels verschließen.

Chancen und Risiken beim Turniergolf

Golf ist ein außergewöhnlicher Sport, der mit seinem Vorgabensystem ermöglicht, dass Golfeinsteiger mit Profis, schwächere Spieler mit stärkeren Golfern auf die Runde gehen können, ohne dass einer den anderen behindert oder im Spielfluss stört. »Beim Golf jagt man immer der Illusion des perfekten Spiels hinterher. Wenn man das Hin und Her des Wettkampfs liebt, ... ist ein Golfturnier kaum zu überbieten«, erklärt einer der erfolgreichsten Topmanager der Welt, Jack Welch, der den Weltkonzern General Electric leitete und in seiner Autobiografie, dem Golfspiel ein ganzes Kapitel widmet. Sogar seine Scorekarte von einem Golfspiel mit dem berühmten Golfprofi Greg Norman, die Welch mit 69 Schlägen eine niedrigere Schlagzahl bestätigt als Greg, ist darin abgebildet. Stolz erzählt Welch, dass er die für ihn so bedeutende Scorekarte allen seinen Freunden gefaxt und sie überall bei Business Council Meetings vorgezeigt habe.

Verspielen Sie nicht die Chance, die Ihnen Turniergolf bietet, nur weil Sie sich einreden, nicht sportlich genug, zu schlecht oder zu schwach zu sein, um sich im Wettspiel mit anderen Golfern zu vergleichen. In erster Linie spielen Sie auch im Turniergolf gegen sich selbst. Es geht um Ihre Spiel- und Charakterstärke, ob Sie nun im Zählspiel einen Mitbewerber an Ihrer Seite haben oder im Lochspiel einen Gegner. Sie erfahren durch die Teilnahme am Turnier, wie Sie in Stresssituationen reagieren, wie Sie sich Herausforderungen und Krisen stellen, wie Sie mit Ihren Erfolgen bzw. Niederlagen, Ihren Partnern, Mitbewerbern und Gegnern umgehen. Sie erkennen, wo Ihre Grenzen liegen, und können gezielt an sich arbeiten. Diese Erfahrungen bringen Sie nicht nur im Spiel auf dem Golfplatz weiter, sondern auch im realen Leben. Sie gehen durch Höhen und Tiefen. Sie verkraften Fehlschläge und erleben Erfolge. Turniergolf sorgt dafür, dass Ihre große Leidenschaft für das Golfspiel nicht erlischt. Jedes vorgabewirksame Turnier bietet Ihnen die Möglichkeit, Ihre Spielstärke zu verändern und ein Handicap zu erreichen, das Ihnen ermöglicht, auf allen Golfplätzen der Welt zu spielen. Es gibt einige Golfclubs und Golfinstitutionen, die Ihnen das Spiel auf ihren Anlagen verwehren,

Tipps

1	**Spielen Sie regelmäßig Turniere, um Ihre Spielstärke zu ermitteln.**
2	**Beginnen Sie als Golfanfänger mit Unterhaltungsturnieren, um sich an die Turniersituation zu gewöhnen, bevor Sie bei einem vorgabewirksamen Turnier mitspielen.**

wenn Sie nicht das vorgeschriebene Handicap, meistens 28, vorweisen können. Natürlich birgt auch jede Turnierteilnahme das Risiko, Ihre Vorgabe zu verschlechtern. Aber im Vergleich zum Profigolfsport geht es bei uns Amateuren nicht um mehrere Millionen Dollar Preisgeld oder um unsere berufliche Existenz bzw. darum, eventuell die Berechtigung für die Golftour und den Status des Profis zu verlieren. Die Heraufsetzung der Vorgabe um 0,1 oder 0,2 (siehe Vorgabensystem) verkraften Sie leicht. Mit der richtigen professionellen Vorbereitung ziehen Sie daraus einen Nutzen für das nächste Turnier.

Checkliste für Turniergolf-Einsteiger

1. Denken Sie an Ihr Golfspiel, das zu Ihrer Platzreife geführt hat. Welches Gefühl stellt sich bei Ihnen ein?
2. Gab es sehr schlimme Situationen? Welche?
3. Warum war es für Sie schlimm? Nennen Sie bitte mindestens drei Gründe.
4. Gab es sehr schöne bzw. angenehme Situationen? Welche?
5. Warum war es schön? Nennen Sie bitte mindestens sechs Gründe.
6. Hatten Sie Probleme mit den Regeln?
7. Hatten Sie Schwierigkeiten mit
   a) dem Wetter?
   b) dem Spielerumfeld?
   Ja, weil ... Nein, weil ...
   c) Ihrer Schlagtechnik? Mit den langen Schlägen? Mit den kurzen Schlägen?
   d) dem Gelände?
8. Hatten Sie nach dem Spiel irgendwelche körperlichen Beschwerden?
9. Auf welche Art und wie lange haben Sie sich auf dieses Spiel vorbereitet?
10. Haben Sie schon Turniere gespielt? Vorgabewirksame? Unterhaltungsturniere? Wenn ja: Wo auf einer Bewertungsskala von 1 (stark) bis 6 (schwach) würden Sie Ihre psychische Belastung einstufen?
11. Wo auf einer Bewertungsskala von 1 (stark) bis 6 (schwach) würden Sie Ihre physische Beanspruchung während eines Turniers einstufen?
12. Haben Sie Konzentrationsschwierigkeiten während des Golfspiels?
13. Können Sie von sich guten Gewissens behaupten, dass Sie organisieren können? Ja, warum ..., Nein, warum nicht ...?
14. Haben Sie strategische Fähigkeiten? Ja, warum ... Nein, warum meinen Sie, keine strategischen Fähigkeiten zu besitzen?
15. Haben Sie ein Lebensmotto bzw. eine Lebensphilosophie?
16. Übertragen Sie dieses Lebensmotto bzw. diese Lebensphilosophie auf das Golfspiel.
17. Wie oft in der Woche spielen Sie Golf?
18. Wie oft im Monat üben Sie auf der Driving Range, dem Putting- und Chipping-Green?

Checkliste für Golf-Fortgeschrittene

1. Was gefällt Ihnen am Golfspiel am meisten? Nennen Sie mindestens sechs Gründe.
2. Was hassen Sie am Golfen? Warum? Nennen Sie maximal drei Gründe.
3. Wo liegen Ihre Schwächen?
4. Wo liegen Ihre Stärken?
5. Wovor fürchten Sie sich beim Golfspiel? Nennen Sie bitte drei Gründe.
6. Wie zeigt sich diese Angst?
7. Wo auf einer Bewertungsskala von 1 (stark) bis 6 (sehr schwach) würden Sie Ihre psychische Belastung während eines Turniers einstufen?

8. Wo auf einer Bewertungsskala von 1 (stark) bis 6 (schwach) würden Sie Ihre physische Belastung während eines Turniers einstufen?
9. Wann haben Sie das letzte Turnier gespielt?
10. Art des Turniers? Zähl-, Lochspiel? Vorgabewirksam? Unterhaltungsturnier?
11. Wie haben Sie dieses Turnier gespielt? Wissen Sie noch das Ergebnis: Brutto-, Netto-Wertung?
12. Haben Sie Ihre Spielvorgabe verändert?
13. Bewerten Sie Ihre Leistung mit Schulnoten von 1 bis 6
    a) im Bunker
    b) im Wasser
    c) im Aus
    d) im Rough
    e) bei Streuaktionen Ihres Partners.
14. Haben Sie Konzentrationsschwierigkeiten während des Golfspiels?
15. Haben Sie strategische Fähigkeiten? Ja, warum ... Nein, warum meinen Sie, keine strategischen Fähigkeiten zu besitzen?
16. Haben Sie ein Lebensmotto bzw. eine Lebensphilosophie?
17. Übertragen Sie dieses Lebensmotto bzw. diese Lebensphilosophie auf das Golfspiel.
18. Wie oft im Monat üben Sie auf der Driving Range, dem Putting- und Chipping-Green?

Schicken Sie mir Ihre Ausführungen und Antworten per Mail an: info@golferlounge.de oder per Post an: Brigitte Neff, Postfach 1245, 76663 Bad Schönborn bzw. per Fax unter: 0 72 53 / 95 58 94. Ich erstelle Ihnen auf Grund dieser Angaben kostenlos ein Turniergolfer-Profil, ermittle, wo bzw. warum es bei Ihnen eventuell im Turnier nicht so rund läuft und gebe Ihnen Tipps, auf was Sie bei Ihrem nächsten Auftritt als Turniergolfer achten sollten bzw. wie Sie Ihre Golfer-Persönlichkeit noch besser zur Geltung bringen können.

Kriterien für die Auswahl des Turniers

Einen optimalen Turnierservice bietet www.golf.de. Bundesweit und landesweit, unterschieden nach Bundesländern können Tausende von Turnierangeboten auf mehreren Seiten – ob clubgebunden oder freier Golfer – abgerufen werden. Informiert wird über die Art des Turniers, Anmeldungsmodalitäten, Startzeiten und Startgebühren. Es ist ersichtlich, wie viele Teilnehmer zugelassen sind. Wer beispielsweise Informationen über die bevorstehenden Clubturniere haben will, lässt sich die Meldungen direkt auf sein Handy schicken. Die Registrierung ist unter http://wapgolf.de möglich. Bei der Durchsicht der verschiedenen Turnierangebote in den Veranstaltungskalendern und Golfbroschüren der Golfclubs sowie in den virtuellen Turnierlisten der Golfverbände haben sich folgende Kategorien abgezeichnet, nach denen Sie sorgfältig entscheiden und auswählen können. Nehmen Sie sich Zeit für die Festlegung Ihrer Turniere. Blättern Sie zu Beginn der Saison sowohl im internen Wettspielkalender Ihres Golfclubs als auch in externen Turnierkatalogen, um sich Anregungen für Ihren Turniergolf-Plan zu holen. Lassen Sie sich bei Ihrer Turnierauswahl von schönen Erinnerungen an gut gespielte Wettspiele leiten.

Welches Turnier passt zu Ihnen?

Kriterium Turnierart

Zum Saisonstart und zum Saisonabschluss sowie außerhalb der Saison in den Wintermonaten bieten sich ein Jux-Turnier oder ein klassischer Vierer an zum Einschwingen in die Golfszene bzw. langsamem Überschwingen in die golfärmeren Zeiten, ohne Handicap-Druck. Erkundigen Sie sich frühzeitig vor der Golfsaison bei Ihrem Berufsverband nach Turnieren für Mitglieder. Fachsimpeln am Rande des Fairways wirkt stimulierend. Selbstständige Golfer können sich auf der Business-Runde mit Kunden auf Turniergolf einstimmen, denn in erster Linie geht es bei Business-Golf nicht um die Spiel-, sondern die Charakterstärke und die Pflege der Kundenbeziehung.

Traditionsturniere wie zum Beispiel BMW Golf Cup International mit Ziel, Landesfinale und Weltfinale in einer großen Weltstadt und Siegern aus 40 Nationen, gespielt in Herren-Klassen A bis Handicap 12,4 und B bis Handicap 28,4 bzw. Damenklasse bis Handicap 28,4 und gemischte Klasse von Handicap 28,5 bis Handicap 36 oder der Audi quattro Cup, ein Vierer mit Auswahl-Drive, werden jedes Jahr regelmäßig auf verschiedenen Golfanlagen ausgetragen und sind bereits fester Bestandteil der Turnierplanung vieler Golfer. Auf Grund der stetig steigenden Zahl der Golfspieler veranstalten immer mehr größere Unternehmen quer durch alle Branchen Turniere dieser Art. Diese Turniere kommen bei Golferinnen und Golfern sehr gut an und sind schnell ausgebucht.

Auch Jahreslochwettspiel und Clubmeisterschaft eignen sich für traditionsbewusste Golfer, finden sie doch jedes Jahr nach bewährter

Vorgehensweise statt. Für Golfanfänger sind die Tiger&Rabbits-Turniere, die fast jeder Golfclub organisiert, ideal. Von erfahrenen Golfern, den Tigern, werden die Rabbits in das Turniergolf eingeführt. Die Jäger unter den Golfern können sich an der Jagd auf das Handicap beteiligen, das verschiedene Golfturnierveranstalter über die Saison anbieten, wie zum Beispiel die Bavaria Golf Company (www.bavarian-golf-company.de), die sogar noch Last-Minute-Anmeldungen, bis zu einer Stunde vor Turnierbeginn, zulässt. Nicht nur Highlife, sondern auch Hightech wird dem modernen Golfer mittlerweile geboten. Er kann sich für virtuelle Golfturniere anmelden (zum Beispiel unter www.golftogether.com). Die Ergebnisse einer bestimmten Anzahl von Stableford-Runden, durch die von einem Zähler unterschriebene Scorekarte belegt, werden online registriert. Zu einem bestimmten Stichtag werden die Spielergebnisse aller virtuellen Golfer verglichen und die besten Spieler zum Finale auf einen realen Golfplatz zum Wettspiel beordert.

Kriterium vorgabewirksam

Vorgabewirksame Turniere belasten die Seele des sensiblen Golfers stärker als nicht vorgabewirksame Unterhaltungsgolfspiele. Jeder Golfer muss für sich abwägen, ob ihm das Einzel-Zählspiel (Zählspiel nach Regel 3) besser liegt als das Zählspiel nach Stableford, wenn es darauf ankommt, das Handicap zu verbessern. Beim Einzel-Zählspiel trägt mancher Golfer schwer an seiner reichlich mit Schlägen aufgefüllten Scorekarte, wenn er ein Loch vielleicht durch Strafschläge wegen Ball im Aus oder Ballverlust besonders schlecht gespielt hat. Je größer die in die Scorekarte eingetragene Zahl, umso größer der Frust, umso mehr muss der Golfer dagegen ankämpfen, sich von diesem Ergebnis nicht die folgenden Löcher herunterziehen zu lassen. Erzielt der Golfer auf einer 18-Loch-Runde zum Beispiel ein Ergebnis von 100 Schlägen, hat er in der Golfersprache »eine 100 gespielt«. Als noch nicht so viele Golf spielten wie derzeit, wurden hauptsächlich Zählspiele nach Regel 3 angeboten, heutzutage wird häufiger nach Stableford gespielt. Der Vorteil von Stableford ist, dass jedes Loch, also auch jedes schlecht gespielte, einzeln gewertet wird. Ein Strich auf der Scorekarte für ein Loch, an dem kein Punkt mehr erzielt werden konnte, ist leichter zu verkraften als eine zweistellige Schlagzahl. Für den irischen Golfprofi Joe Carr (1922 in Dublin geboren) stellt das »Zählspiel das golferische Können auf die Probe«. Der angeschlagene

Tipp

Ermitteln Sie, welcher Typ Turniergolfer Sie sind und welche Eigenschaften bei Ihnen überwiegen: ehrgeizig oder gesellig?

Klären Sie Ihre persönlichen Beweggründe, Turniere zu spielen.

Auch auf der EDS-Runde gelten die Wettspielbedingungen und Regeln.

Golfer muss sich beim Spiel, in dem jeder Schlag bis zum Schluss der Runde mitgezählt wird, mit sehr viel mehr Selbstvertrauen in Schwung halten als beim Zählspiel nach Stableford.
Die Extra-Day-Score-Runde hat den Vorteil, dass der Turnierspieler weiß, wer mit ihm als Zähler auf die Runde geht. Er kann als Zähler seinen guten Golffreund oder einen aus vergangenen Spielrunden als fairen und angenehmen Golfpartner geschätzten Bekannten mitnehmen, soweit er die erforderlichen Bedingungen erfüllt. Der Zähler braucht nicht Mitglied im Golfclub des Turnierspielers zu sein. Auch ausländische Golfpartner, die einen von einem anerkannten Golfverband geführten Handicap-Nachweis vorlegen, dürfen zählen. Ebenso sind Ehepartner und Verwandte wie Kinder und Eltern, Geschwister als Zähler für die EDS-Runde zugelassen. Nur der Golfpro darf diese Funktion nicht übernehmen, um ihn nicht der Versuchung auszusetzen, sich zu einer nach den Golfregeln nicht erlaubten Belehrung seines Golfschülers hinreißen zu lassen.

Kriterium Zeitpunkt

Gleich zu Beginn der Golfsaison, unmittelbar nach der mehr oder weniger langen Winterpause, zum Beispiel das Eröffnungsturnier zum Angolfen mitzuspielen, hat in unseren Breitengraden den Vorteil, dass die Vorfreude sehr groß und die Roughs noch nicht sehr tief sind, jedoch den Nachteil, dass die Kondition und das Wetter im März oder April, wenn die meisten Golfclubs mit den Turnieren beginnen, dem Golfer einen Streich spielen könnten. Das ist im Hochsommer seltener der Fall, dafür können dann die Fairways hart, die Roughs tief und die Temperaturen sehr hoch sein.
Vorgabewirksame Turniere über größere Zeitabstände zu verteilen und mindestens ein Turnier in den Saisonschluss, wenn auch genügend Privatrunden gespielt werden konnten, zu legen, ist besonders Golfern zu empfehlen, die terminlich sehr eingeschränkt sind und nicht regelmäßig Golf spielen. Ein Golfturnier in der beruflichen Hochsaison zu spielen und als Ausgleich für den Stress und Druck am Arbeitsplatz einzusetzen, ist sehr riskant und sollte wohl überlegt sein. Zum langsamen Abgolfen eignet sich das Saisonschluss-Turnier, das Gesprächsstoff liefert für die langen Wintertage ohne Golf.

Tipps

1. **Bestimmen Sie den Zähler Ihrer EDS-Runde ohne Hintergedanken und setzen Sie wegen eines Scores nicht eine langjährige Golffreundschaft aufs Spiel.**

2. **Spekulieren Sie nicht, dass der mit Ihnen befreundete oder verwandte Zähler es mit den Golf-Regularien nicht so genau nimmt.**

3. **Bei Turnieren zu Beginn der Golf- bzw. zum Ende der Turnier-Saison kann der Zustand des Platzes, hervorgerufen durch Pflegearbeiten des Greenkeepers, wie zum Beispiel Aerifizierungsmaßnahmen auf den Grüns (Belüften und Besanden des Rasens) das Putten beeinträchtigen.**

Urlaubsstimmung kann ein guter Score-Stimulator sein. Ob Land- oder Seeurlaub mit Driving Range-Blick auf das weite Meer, turnierfreudige Golfer werden keine Schwierigkeiten haben, attraktive Wettspiele zu finden, wenn sie sich an spezielle Golf-Reiseveranstalter wenden. Noch vor Antritt der Reise, seine Startzeiten bequem von zu Hause aus zu buchen, um sich ganz auf die Urlaubs- und Turniervorbereitungen konzentrieren zu können, ermöglicht z. B. der Betreiber der Homepage www.golfandratx.de den Spielern, die im Paradies für Golfer, in Mallorca ihre Runden drehen wollen.
Fordern Sie Ihr aktuelles Stammvorgabeblatt auch dann an oder drucken Sie es aus Ihrer virtuellen Stammvorgabenverwaltung aus, wenn es bei der Turnieranmeldung vom Turnierorganisator nicht ausdrücklich verlangt wird. Nehmen Sie unbedingt Ihren Club-Ausweis mit auf die Reise.

Kriterium Turnierstartzeit

Turniergolf wird an jedem Tag, ob unter der Woche oder an den Wochenenden, und zu jeder Tageszeit gespielt. Bei Startzeiten von vormittags bis nachmittags kann es bei einer großen Teilnehmerzahl für Turnierspieler mit höheren Handicaps zu späten Startzeiten kommen und eventuell zu langen Wartezeiten an den einzelnen Abschlägen, weil die vorausspielenden Flights schon auflaufen. Für Golfer, die gern früh am Tage Golf spielen, ein hohes Handicap haben und ungern spät abschlagen, ist dies keine ideale Startposition. Beim Kanonenstart – vormittags oder

Zu welcher Uhrzeit Turniergolfer abschlagen, hängt u. a. auch vom Handicap ab.

nachmittags – weiß der Golfer, wann er abschlägt und kann sich schon bei der Anmeldung ungefähr ausrechnen, wann das Turnier zu Ende sein wird und danach den Rest des Tages vor bzw. nach dem Turnier entsprechend verplanen. Als beliebter Wochentag für Golfturniere wird in vielen Golfclubs der Mittwoch ausgeschrieben. Golfer mit höherem Handicap können bei Turnieren mit Kanonenstarts den Vorteil nutzen, nicht als Letzter starten zu müssen.

Kriterium Rahmenprogramm

Sponsoren von Golf-Amateur-Turnieren scheuen keine Mühen und Kosten, um bei ihrer aktiven und potenziellen golfenden Kundschaft einen bleibenden Eindruck zu hinterlassen. Sie überbieten sich zum Vorteil des Turniergolfers geradezu an Originalität. Golf verträgt sich mit vielen angenehmen Luxusgütern: wie zum Beispiel Golf und Wein, Golf und Autos, Golf und Schmuck, Golf und die Seefahrt. Zu jeder Golfsaison lassen sich Unternehmen Rahmenprogramme einfallen, um den Golfer bzw. die Golferin im Kunden emotional anzusprechen: vom Wellness-Programm für Damen bis zur Havanna-Lounge für die Herren, vom Sektfrühstück bis zum Galaabend mit prominentem Moderator.

Die Marketingleitung von Swiss golf hotels hat zum Beispiel bei einem Damen-Turnier männliche Golfer mit einer to-do-Liste auf die Runde geschickt, um die weiblichen Golfer und deren Ausrüstung mit Aktionen zu hegen und zu pflegen, wie: Golfschuhe und Golfschläger putzen sowie Golfbag zum Auto tragen. Die zusammen mit dem Golfmagazin ausgeschriebene »Mercedes-Benz CLK Challenge« mit bundesweitem monatlichem Ranking, das auf der Internetseite von Mercedes-Benz aktualisiert wird und dem Jahres-Ranking sowie dem Shoot-Out-Finale wird immer beliebter. Die Veranstalter der Jaguar Ladies Trophy-Turnierserie stimmen die weiblichen Amateure (maximal Handicap 45) mit einem Frühstück auf das Turnier ein, versüßen den Turnierablauf mit Leckereien und beenden das Spiel mit dem zum Golfambiente passenden englischen High-Tea zur Beruhigung erhitzter Golfgemüter. Danach können sich die Teilnehmerinnen von einem Haar-Styling-Team Tipps geben lassen, wie die vom Golfspiel gestresste Frisur wieder schnellstens salonfähig wird. Bei Champagner und einem Gourmet-Dinner werden die Erlebnisse des Turniertages verarbeitet. Wer den Cut geschafft hat, darf sich auf das Finale freuen, bei dem die Amateurgolferinnen darüber hinaus am Rande des Turniers von einer Profi-Golferin des Jaguar-Teams Nachhilfe in Turniergolf bekommen. Bei Herren- und gemischten Turnieren geht es nicht weniger gesellig zu. Der internationale Asbach Gentlemen's Cup ruft mehrere Tausend Herrengolfer aus Deutschland,

Unter Gleichgesinnten fühlt sich mancher Turniergolfer gut aufgehoben.

Tipps

1	**Weibliche Golfanfänger, die sich besonders vor dem Zusammenspiel mit männlichen Golfern fürchten, sollten ihre ersten Turniergolfschwünge unter den Ladies wagen und sich zunächst zu Damenturnieren anmelden.**
2	**Kinder und Jugendliche sollten jede Gelegenheit nutzen, für ihre Zielgruppe organisierte Turniere zu spielen, weil hier der Unterhaltungsfaktor um einiges höher ist als in gemischten Turnieren.**

Österreich und der Schweiz zum Umtrunk und an den Abschlag, um sich als Brutto- oder Nettosieger in ihren Clubs für die jeweilige Regionalausscheidungen zu qualifizieren. HARIBO-Matchplays fordern in vielen Clubs Kinder sowie Jugendliche zu außergewöhnlichen Leistungen heraus und motivieren sie zum Abschlagen mit Weltrekordversuchen wie das »Größte HARIBO-Golf-Tee«.

Kriterium Turnierort

Jeder Golfer hat einen Lieblingsplatz, mit dem er schöne Erlebnisse und angenehme Gefühle verbindet. Er hat mindestens einen Horrorplatz, der ihn in seinen Golfalbträumen verfolgt. Der Heimvorteil zum Beispiel bei Mannschafts-Golfturnieren mit clubfremden Golfern bekommt bei einem Spiel wie Golf im Vergleich zu anderen Sportarten wie Fußball oder Tennis, die auf Plätzen stattfinden, die immer gleich aussehen und aufgebaut sind, eine ganz besondere Bedeutung: Kein Golfplatz auf der Welt gleicht dem anderen. Darüber hinaus spielen die Platzkenntnisse eine Rolle. Unter den Golfern gibt es viele Nomaden, die gern in der Golfwelt herumreisen, um Turniereindrücke von Golfplätzen zu sammeln. Für die Zocker unter dieser Spezies Golfer gibt es ein Turnier-Roulette unter www.golf-kompakt.de, wo sie nach Festlegung der Postleitzahl und der gewünschten Bedingungen wie Reiseentfernung, Lage des Platzes, Greenfee-Höhe, Platzeigenschaften und Schwierigkeitsgrad die Kugel rollen lassen können, die dann entscheidet, welche Golfplätze für die Turnierrunde in Frage kommen.

Kriterium Schwierigkeit des Platzes

Golfplätze werden nach ihrem Schwierigkeitsgrad bewertet und die Turniervorgabe,

Der Turnierort spielt eine emotionale und rationale Rolle.

mit der der Golfer das Turnier spielen wird, ist davon abhängig. Jeder Golfplatz hat seine Reize, schöne und mehr oder weniger gemeine Seiten. Während der eine Golfer Angst vor Wasserhindernissen hat, flößt seinem Flightpartner das Rough, das die Fairways einengt, Furcht ein.

Kriterium: Gewinne und Siege

Handicap-Schoner sind Golfer, die ihre Vorgabe bewusst nicht verbessern wollen. Es geht ihnen bei Turnieren um die Gewinne und Preise, die sie mit einem hohen Handicap leichter ergattern wollen. Sachpreise, Reisen und Gutscheine sind ihnen natürlich lieber als Trophäen. Der materielle Wert in Form eines neuen Putters zählt für sie mehr als der ideelle Wert der Stammvorgabe. Jedes Turnier hat seine Preise und jeder Turniergolfer die Chance, einen dieser vielen und auf Grund des Golftrends und der steigenden Zahl von Golfsponsoren von Golfjahr zu Golfsaison immer wertvoller werdenden Turnierpreise zu gewinnen und so nebenbei auch noch seine persönliche Spielstärke zu verbessern.

Welche Rolle spielen Turnierort und -atmosphäre?

Jeder Golfplatz hat einen Slope-Wert, der seinen Schwierigkeitsgrad bestimmt. Die Stammvorgabe eines Turnierspielers wird an die Schwierigkeit des zu spielenden Platzes angepasst und zur Spielvorgabe umgerechnet.

Rational und emotional

Der Golfspieler tritt auf einem schwierigeren Golfplatz oder einer hinteren Abschlagsposition mit einer höheren Spielvorgabe und auf einem leichten Golfplatz mit einer niedrigeren Spielvorgabe als seine Stammvorgabe an. Spielt der Golfer nun besser oder schlechter als seine Spielvorgabe, verändert sich seine Stammvorgabe, die sich je nachdem verringert oder erhöht. Auf Grund des Slope-Ratings und des sicher gerade für einen Golfeinsteiger nicht immer verständlichen und leicht nachvollziehbaren Berechnungssystems der Vorgabe spielt der Turnierort für den Turniergolfer eine rationale Rolle.

Mit dem Ort beschäftigt sich der Turniergolfer jedoch nicht nur rein rechnerisch, sondern auch emotional. Seine Erfahrungen, die er bei verschiedenen Spielen auf dem Golfplatz gemacht hat oder die Erzählungen anderer Golfer über die Beschaffenheit und Bespielbarkeit bestimmter Löcher bzw. Bahnen werden seine Meinungsbildung über den Turnierplatz je nachdem positiv oder negativ beeinflussen. Dies wird wiederum Auswirkungen auf sein Turnierspiel haben.

In Golfzeitschriften wie dem »Golfmagazin«, »about Golf«, dem »Golfjournal« und der »Golfwelt« findet der Golfer, der auch gern ab und zu auf anderen Golfplätzen als seinem Heimatplatz Turniere spielen will, ausführliche Beschreibungen und Bewertungen von Golfanlagen.

Auf ein gutes Zusammenspiel

Vom Abschlag morgens bis zur Siegerehrung abends befindet sich der Turnierspieler auf der Anlage, mitten im bunten Treiben auf dem Platz. Ein Turniertag kann sich über mehr als acht Stunden hinziehen. Bei manchen Turnieren gehen zwischen 80 und 120 Teilnehmer an den Start, die sich zuvor auf

Tipp

Spielen Sie mindestens ein Mal in Ihrem Turniergolferleben ein Turnier auf einem Golfplatz, auf dem bedeutende Golfprofis Golfgeschichte gespielt haben und tanken Sie Emotionen für Ihre weitere Amateurgolf-Karriere.

der Driving Range und den Übungsanlagen wie Putting- bzw. Pitching-Green einschlagen und einschwingen. Es ist ein Kommen und Gehen und es liegen Hektik und Anspannung in der Luft. Nicht jeder Golfer kommt damit zurecht. Störende Faktoren im Vorfeld des Spieles und im Umfeld des Spielers belasten den einen oder anderen Golfer mehr oder weniger stark und können ihn aus der Bahn werfen. Angenehme Turniergolfer und faire Flightpartner, die das Turnierspiel genießen und in Zwangslagen nicht vergessen, dass es sich um ein Spiel handelt und nicht um einen Kampf, sind Voraussetzungen für ein gutes Spielklima. Zum Spirit of the game, auf den alle Golfer weltweit im internationalen Regelwerk eingeschworen werden, gehört auch, dass der Golfer mit Stil kein Spiel beginnt, ohne seinen Mitbewerbern oder Gegnern »Ein gutes Spiel« gewünscht zu haben. Dieser Wunsch am ersten Tee sei allen Spielern ein Befehl auf der gesamten Runde.

Folgen Sie als Turniergolfer den Spuren bedeutender Profigolfer.

Der passende Zeitpunkt für Ihre Turnierteilnahme

Von Anfang April bis Ende Oktober werden in den deutschsprachigen Golfgebieten die meisten Turniere, vor allem vorgabewirksame Spiele, ausgeschrieben. Der turnierwillige Golfer hat also genügend Zeit zum

Auswählen. Wann und zu welchem Turnier sich der Golfer anmeldet, sollte er ganz allein entscheiden. Nur er kennt seine physische und psychische Verfassung, nur er kann einschätzen, ob seine derzeitige Spielstärke ausreicht, um sie bei einem Turnier unter Beweis zu stellen. Nur er weiß, wie viel Platz er in seinem von beruflichen und sonstigen Verpflichtungen gefüllten Terminkalender für Turniergolf freihalten kann. Dabei geht es nicht nur darum, sich den Turniertag zu reservieren, sondern es muss auch genügend Zeit zur Turniervorbereitung eingeplant werden. Erstellen Sie zu Beginn der Golfsaison einen vorläufigen Turnierplan, in den Sie Turniere eintragen, die Sie interessieren. Lassen Sie sich dabei nicht zu sehr von Ihrem Kopf, sondern mehr von Ihrem Bauchgefühl leiten. Der Spaßfaktor sollte an erster Stelle Ihrer Überlegungen stehen.

Ihr persönliches Turnierziel

Ihr erster Gedanke bei der Vorbereitung Ihrer Urlaubsreise gilt dem Reiseziel, oder? Darauf baut sich Ihre gesamte Reisevorbereitung auf: die Auswahl der Verkehrsmittel, die Zusammenstellung der Route und der Zeitpunkt des Reiseantritts. Das ist selbstverständlich und logisch, werden Sie jetzt denken. So wie Sie Ihr Reiseziel vor Beginn der Fahrt bestimmen, sollten Sie auch über Ihr Turnierziel vor Beginn des Golfspiels nachdenken. Setzen Sie sich mehrere Etappenziele, Zwischenstationen wie auf einer langen Reise und zusätzlich ein Golfsaisonziel anstatt eines allzu großen Hauptzieles, das Sie nicht auf einmal erreichen können, worüber

Ein Mal im Golferleben auf einem Platz spielen, auf dem schon Golfpersönlichkeiten ihre Spielstärke gemessen haben.

Sie dann verständlicherweise enttäuscht sind. Sie dürfen sich durch Ihr Ziel nicht selbst unter Druck setzen. Die Höhe Ihres Zieles muss dem Niveau Ihres Selbstvertrauens angepasst werden. Der Golfer, der sich zu viel vornimmt, wird nur Fehl- und Schicksalsschläge auf seiner Turnierkarte notieren können. Golfcoach Sue Crowcroft erklärt, warum sie in vier Jahren der Teilnahme an der Europäischen Tour ihr Potenzial nicht voll entfalten konnte und beschreibt damit das Hauptproblem des Amateur-Turniergolfers. »In meiner Amateurzeit besaß ich großes Zutrauen zu meinem Golfspiel. Ich verbesserte mich rasch und wechselte nach nur sieben aktiven Jahren ins Profi-Lager, mit einem Handicap von 3. Im ersten Jahr hatte ich keine großen Erwartungen, fühlte mich durch meine Ziele nicht zu sehr unter Druck gesetzt und hatte eine Menge Spaß und lernte viel. Im zweiten Tour-Jahr fing ich an, mir wesentlich höhere Ziele zu setzen. Jetzt war es an der Zeit, Turniere zu gewinnen, die Probezeit war vorbei. Damals erkannte ich nicht, dass mein Grad an Selbstvertrauen nicht meinen Zielen entsprach. Mein wahres Selbstbild als Golfer war zu jener Zeit noch nicht so weit entwickelt, dass ich an den Sieg bei Turnieren glauben konnte. Auf dem Platz schlüpfte ich in ein falsches Selbstbild: äußerlich zuversichtlich, entspannt und ruhig, darunter viel Stress.«.

Etappenziele

Ein Etappenziel für den Golfer, dessen größte Angst es ist, im Turnier vor lauter Stress besonders bei den Abschlägen zu versagen, könnte lauten: »Ich schwinge im Turnier ruhig und rhythmisch.« Erst wenn ihm das auch gelungen ist, setzt er sich für das nächste Spiel ein weiteres Etappenziel, wie: »Ich loche im Turnier den Ball mit zwei Putts ein«. Ein weiteres Ziel könnte sein: »Ich gewinne ein Turnier in der Saison«. Doch nun die Gewissensfrage: Setzen Sie sich Etappenziele wie die oben beschriebenen? Kann es sein, dass Sie zwar ein Turnierziel haben, aber kein realistisches, das selbst unter idealen Bedingungen erreicht werden kann, zum Beispiel »Ich spiele heute Handicap 18«, wenn Sie in zwei Privatrunden hintereinander noch nicht einmal Ihr Handicap 21 gespielt haben. Sich die richtigen Ziele zu setzen, ist in Ihrem Leben und auch in Ihrem Spiel bereits ein Teil Ihrer Erfolgsstrategie.

Tipps

1 **Schicken Sie Ihr Etappenziel per Mail an mich. Es ist Bestandteil Ihres persönlichen Online-Coachings.**

2 **Damit sich Ihr jeweiliges Etappenziel immer in Ihrem Blickfeld befindet, schreiben Sie es mit einem schwarzem Filzstift groß und gut lesbar auf ein grünes DIN A4-Blatt, das Sie an einer Stelle in Ihrer Wohnung oder im Büro aufhängen, um mehrmals am Tag darauf zu blicken.**

3 **Eine kleinere Ausgabe davon, in DIN A5 oder minimal DIN A6, klemmen Sie zum Beispiel hinter Ihre Scorekarte in die Halterung Ihrer Golftasche, sodass Sie sich Ihr Etappenziel immer vor Augen führen, wenn Sie die Scorekarte in die Hand nehmen.**

Wie sieht Ihr Etappenziel aus?

Wie viele Turniere pro Saison?

Viele Golfclubs veranstalten besonders in den Sommermonaten eine »Offene Woche«, in der an jedem Tag ein Turnier ausgeschrieben wird. Es gibt Golfer, die nutzen diese Gelegenheit für eine Turniergolf-Woche. Sie melden sich zu jedem Turnier an, um sich eventuell von Cup zu Cup immer weiter von ihrem Ziel, das Handicap zu verbessern, zu entfernen. Denn im schlimmsten Fall kommt es zu einer Überdosis an Turniergolf, die sich negativ auf die Kondition und die Spielstärke auswirkt. Im Turniergolf etwas erzwingen zu wollen, ist sinnlos, denn zu viele Turniere können die Scores verderben. Es kann zum Abbau von Kondition und Konzentration kommen. Je mehr sich der Golfer vornimmt, umso weniger erreicht er. Golf ist eine der schwierigsten Sportarten, weil sie den Golfer über mehrere Stunden von Kopf bis Fuß fordert und ihn bei zu vielen Turnieren hintereinander überfordert. Die Teilnahme an sechs Turnieren in der Saison, nicht in der Woche, ein Mix aus zwei Unterhaltungsspielen, einem Mannschaftsspiel und drei vorgabewirksamen Turnieren ist auch beruflich und zeitlich angespannten Spielern zu empfehlen. Ihr individueller Turnierplan sollte mindestens zwei besonders wichtige Turniere vorsehen, die Sie zu Ihren persönlichen Saisonhöhepunkten auszeichnen, auf die Sie konsequent hinspielen. Wählen Sie noch ein Reserveturnier aus, zum dem Sie dann antreten, wenn Sie aus terminlichen Gründen eines absagen mussten oder wenn es bei Ihnen im Turniergolf gut läuft bzw. wenn Sie noch Trainingsbedarf haben, weil eines Ihrer Etappenziele noch nicht erreicht wurde.

Checkbox

1 Wie viele Turniere haben Sie im letzten Jahr gespielt?

2 Nach welchen Kriterien haben Sie entschieden?

3 Beurteilen Sie Ihre Entscheidungen im Rückblick: Würden Sie das Turnier wieder spielen? Was hat Ihnen gefallen, was möchten Sie nicht noch einmal erleben?

4 Von was haben Sie sich damals bei der Auswahl der Turniere leiten lassen?

5 Haben Sie ein Lieblingsturnier?

6 Haben Sie einige Turniere einer bestimmten Serie gespielt?

7 Ist eine Entwicklung bei Ihren Turnierergebnissen zu erkennen?

Unterschiedliche Vorbereitungsebenen

Theoretisch und praktisch

Golf ist ein Spiel, das auch in Wettspielen ohne Schieds- oder Linienrichter auskommt. Zu Beginn des Spiels ist manchmal ein Starter am ersten Abschlag, der die Spieler im vom Spielausschuss festgelegten Takt – im Abstand von 10 bis 15 Minuten oder bei Rückstau nach Ermessen der Spielleitung – auf das Spielfeld lässt. Der Starter ist auch dazu berechtigt, den Spielern Anweisungen zu geben.
Die Spieler eines Flights zählen sich gegenseitig. Jedem Spieler kann vor Turnierbeginn von der Spielleitung ein Zähler nach clubinternen Kriterien zugewiesen werden: zum Beispiel Spieler mit hohem Handicap ist Zähler von Spieler mit mittlerem Handicap, Spieler mit niedrigem Handicap ist Zähler von mittlerem Handicap usw. Ist auf der Scorekarte kein Zähler eingetragen, tauschen die Spieler die Karten untereinander. Die Turnierspieler sind ganz auf sich gestellt, Regelverstöße werden selbst geahndet, nur in äußerst schwierigen Situationen wird der unklare Fall mit der Spielleitung während des Spiels oder noch vor Abgabe der Scorekarten geklärt.

Sicher im Auftreten und im Regelwerk.

Regelsicher und etikettenstark

Für ein reibungsloses und störungsfreies Turnierspiel ist es unbedingt erforderlich, die weltweit gültigen Golfregeln, die im Vierjahresturnus überarbeitet werden, zu kennen. Das offizielle Regelwerk ist die Bibel für den Turniergolfer. Es empfiehlt sich auch für erfahrene Spieler, das Regelbuch immer wieder zwischendurch in die Hand zu nehmen und darin nachzulesen, was auf der einen oder anderen Golfrunde nicht eindeutig erschien, um so die nicht immer leicht zu verstehenden Regeln zu verinnerlichen bzw. aufzufrischen und im Fall des unklaren Falles souverän den Flightpartnern gegenüber auftreten zu können. Darüber hinaus sollten Sie das handliche Regelwerk, das sogar in die kleinste Tragetasche passt, auf jeden Fall beim Turnier dabei haben. Halten Sie sich auch über die wichtigsten Änderungen, die gegenüber der vorherigen Ausgabe der Regeln auf den ersten Seiten des Regelwerkes übersichtlich aufgelistet werden, auf dem Laufenden.

Tipp

Vier Faustregeln, die das gesamte Regelwerk umspannen, gelten uneingeschränkt für jeden Turniergolfer:

1. **Spiele den Ball, wie er liegt.**
2. **Spiele den Platz, wie du ihn vorfindest.**
3. **Kannst du keines von beiden, bleibe fair.**
4. **Um fair zu sein, musst du die Golfregeln kennen.**

Wie würden Sie entscheiden?

Außer in der Etiketten- und Regelkunde sollte sich der Turniergolfer auch mit dem Vorgaben- und Spielsystem auskennen und in der Lage sein, seine Turnierergebnisse selbstständig auszuwerten. Er sollte zwischen den unterschiedlichen Zähl- und Spielformen sowie verschiedenen Turniermöglichkeiten unterscheiden können. Zur theoretischen Grundausbildung des Turniergolfers gehört auch, dass er die Turniergolf-Sprache perfekt beherrscht und die Bedeutung der wichtigsten Turniergolf-Begriffe kennt.

Belehrend, aber noch mehr unterhaltend ist die Lektüre der »Entscheidungen zu den Golfregeln«, in denen die unmöglichsten Streitfälle in Turnieren gedeutet werden: zum Beispiel »Getränkeflasche als Wasserwaage benutzt«; »Gegner oder Mitbewerber bedient den Flaggenstock ohne Ermächtigung, unterlässt das Bedienen aber auf Anweisung des Spielers«; »Spieler in Vierball-Wettspiel übt Putten auf dem zuletzt gespielten Grün, nachdem sein Partner bereits vom nächsten Abschlag abgespielt hat«; »Gegner liest die Nummer auf dem Ball des Spielers falsch ab und als Folge davon einigen sie sich, dass der Spieler das Loch verloren hat«, »Irgendein Witzbold entfernt den Flaggenstock aus dem Loch und steckt ihn in einiger Entfernung vom Loch ins Grün. Nachfolgende Spieler, die von dem Vorgang nichts bemerkt haben, spielen ihre Annäherungsschläge somit in Richtung Flaggenstock und nicht in Richtung Loch. Haben die Spieler die Möglichkeit, die Schläge zu wiederholen?« – was meinen Sie?

»A wird beinahe von einem Ball getroffen, den ein Spieler der nachfolgenden Spielergruppe gespielt hat. Verärgert schlägt er den Ball zurück in Richtung dieser Spielergruppe. Hat A einen Übungsschlag ausgeführt oder einen falschen Ball gespielt?« Wie denken Sie darüber?

Regelfest wird am schnellsten der Praktiker unter den Turniergolfern, der auch beim privaten Golfspiel stets nach den Golfregeln spielt und sie konsequent, auch wenn er allein unterwegs ist, anwendet. Immer öfter ist auf den Golfplätzen zu beobachten bzw. von Golfern zu hören, dass sie auf der Freizeitrunde nicht nach den Golfregeln spielen.

Auch auf der Privatrunde gelten die Spielregeln.

Da wird gleich zu Beginn der Runde im Tennisstil ein missglückter Schlag am ersten Abschlag wiederholt – in der Golfersprache »Mulligan« genannt –, der Ball, obwohl er weit im Aus liegt, wird noch geschlagen, im Bunker wird der Schläger aufgesetzt, weil der Golfball so tief eingegraben ist, die Fahne bleibt im Loch, obwohl sich alle Spielbälle bereits auf dem Grün befinden und ein Spieler schon puttet. Originalton dieses Golfertyps: »Es geht ja um nichts«. Dieses Verhalten ist nicht nachzuvollziehen. Die Golfregeln sind Bestandteil des Golfspiels – ob Privat- oder Turnierrunde – und der Spieler dieses Spiels sollte sich auch an die Spielregeln halten, sobald er den Golfschläger in die Hand nimmt. Nur so ist ein faires und professionelles Zusammenspiel möglich.

Eine kleine Übung

Bringen Sie Schwung ins Sonntagsspiel und spielen Sie, um Theorie und Praxis miteinander zu verbinden, in der kleinen Golfergruppe doch mal ein lustiges Regelwettspiel. Je nach Situation stellt abwechselnd ein Spieler in der Runde die Frage: »Was wäre, wenn ... zum Beispiel jetzt der Ball während des Aufschwungs vom Tee geflogen wäre?« oder » ... der Ball auf dem Anhänger des Greenkeepers gelandet wäre?«
Die Antwort überlegen sich die Spieler auf dem Weg zum nächsten Schlag. Bei einer Runde über 18 Löcher kommen auf diese Art einige knifflige Fragen zusammen und so manche Regelschwäche kann auf diese Weise spielend behoben werden.

Geistig und körperlich

Kein anderes Spiel als Golf führt seinen Spielern so deutlich vor Augen, wie durch ein falsches Bild im Kopf die Bewegung des Körpers gesteuert wird. Stellen Sie sich bitte folgende mitten aus dem Golferleben gegriffene Situation vor: Ihr Ball kommt kurz vor einem Wasserhindernis, nahe des Vorgrüns, zur Ruhe. Sie denken im ersten Moment aus weiter Entfernung: Glück gehabt. Zielstrebig machen Sie sich auf den Weg zu Ihrem glücklich gelandeten Ball. Je näher Sie kommen, umso mehr machen Sie sich über das Wasserhindernis, das sich zwischen Ihren Ball und das anzuspielende Loch gedrängt hat, Gedanken. Mit schleppenden Schritten erreichen Sie Ihren Ball. Sie suchen mit dem Gedanken an das Wasserhindernis den Schläger aus. Sie richten mit dem Gedanken an das Wasserhindernis Ihre Standposition aus. Sie schlagen den Ball mit dem Gedanken an das Wasserhindernis. Was ist Ihr Ziel? Ihr Ziel ist das Wasserhindernis. Platsch! Sie haben Ihr Ziel erreicht.

Oder: Sie schlagen im Turnier am dritten Abschlag den Ball auf das Grün der gegenüberliegenden Bahn. Sie sehen wie sich die Spieler dieser Bahn ausgerechnet jetzt dem Grün und damit Ihrem fehlgeschlagenen Ball nähern. Sie eilen mit Schamgefühl zu Ihrem Ball, um ihn schnellstens aus dem Weg zu räumen. Sie droppen ihn aufgewühlt irgendwo auf dem Vorgrün wie es die Regel vorschreibt und beschwören sich sowie Ihren Ball mit hektischer Stimme: »ganz ruhig«, während Sie unkontrolliert zum Schwung ausholen. Sie treffen nicht den Ball, dafür umso mehr Boden, der Ball steigt dadurch senkrecht nach oben und landet ... Die Geschichte dürfen Sie jetzt selbst weitererzählen. Was Sie gedacht und gesagt haben, war nicht im Einklang mit dem, was Sie getan haben. Geist und Körper waren uneins. Das Ergebnis ist Chaos.

Arme und Schultern bilden ein Dreieck.

Das magische Dreieck

»Wenn Sie Ihren natürlichen Rhythmus finden wollen, müssen Sie eine enge Verbindung zu Ihren mentalen, emotionalen und physischen Fähigkeiten herstellen«, rät Tiger Woods (Golfmagazin 2/04). Stellen Sie sich vor, dass Geist, Seele und Körper bzw. Denken, Fühlen und Handeln ein magisches Dreieck bilden. Die Form des Dreiecks begleitet Sie auch in der Grundposition des einfachen Golfschwunges (Beine und Arme) und Putts (Arme). Ihre Position im Feld des magischen Dreiecks bestimmen Sie selbst, je nachdem an welchen Stellen Sie das magische Dreieck aktivieren: Gute Gedanken rufen schöne Gefühle hervor, diese wiederum bewirken positives Handeln. Sie legen die Form des Dreiecks fest, ob gleichseitig, gleichschenkelig oder ungleichseitig und damit Ihre jeweilige Standposition in diesem Dreieck.

Denken, Fühlen und Handeln bilden ein magisches Dreieck.

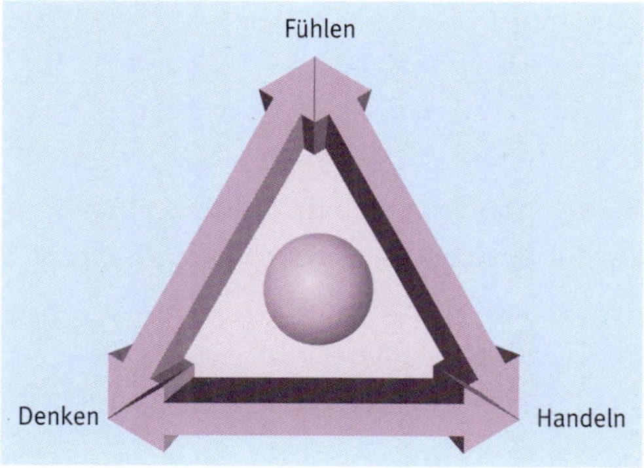

Der Zauberspiegel
Eine antike Sage erzählt von einem Zauberspiegel, der demjenigen, der in ihn hineinschaut, zeigt, wie er ist und nicht wie er sich selbst wahrnimmt oder von anderen gesehen wird: Ein Mann kommt vorbei, schaut in den Spiegel und sieht sich ganz anders. Selbstbewusst und sympathisch strahlt es ihm aus dem Spiegel entgegen. Er sieht sich jedoch in einem ganz anderen Licht. Von diesem Spiegelbild sehr angetan, arbeitet der Mann an sich, verändert sein Verhalten und ändert sein Auftreten. So schafft er es, bald darauf so zu sein und zu wirken, wie sein Spiegelbild es ihm zuvor gezeigt hatte.
Der Spiegel ist ein gutes Trainingsmittel für die seelische Einstellung und innere Einschätzung. Vom Spiegel geht eine Anziehungskraft aus. Beobachten Sie sich bzw. Ihre Mitmenschen und Sie werden den Beweis erhalten: Selbst der uneitelste Mensch, ob Mann oder Frau, klein oder groß, alt oder jung zupft an sich oder an seiner Kleidung herum, wenn er sein Spiegelbild betrachtet. Der Mensch mit gebeugtem Gang geht für einige Sekunden aufrecht, nachdem er sich im Schaufenster beim Vorübergehen gespiegelt hat.
Auf jeder gut ausgestatteten Driving Range befindet sich mindestens in einer Abschlagbox ein Spiegel. Setzen Sie diesen Spiegel ein, um Ihren authentischen Schwung zu finden. Stellen Sie sich vor ihm in voller Montur als Golfer auf, betrachten Sie Ihre Kleidung, Ihre Körperhaltung, Ihren Schlägergriff, Ihren Gesichtsausdruck.
Mit schönen Erinnerungen und angenehmen Gefühlen an gute Golfspiele trainieren Sie nun Ihren Schwung und schlagen Ihre Bälle. Leben Sie dieses Glücksgefühl aus und werden Sie eins mit sich, Ihrem Schwung und der Natur. Begeistern Sie sich selbst: »Begeisterung ist das Blitzen in deinen Augen, der Schwung deines Schrittes, der Griff deiner Hand, die unwiderstehliche Willenskraft und Energie zur Ausführung deiner Ideen. Begeisterte sind Kämpfer. Mit Begeisterung gelingen Leistungen«, wusste der Autohersteller Henry Ford.

Checkbox

1. Überlegen Sie, während Sie in den Spiegel schauen, wann und warum Sie das letzte Mal beim Golfspiel glücklich waren?
2. Fallen Ihnen spontan mehrere Glücksmomente ein, die Sie auf der Runde oder beim Üben erlebt haben?

Die Kraft des Geistes

Es gibt überzeugende Untersuchungen, die belegen, dass allein die Vorstellungskraft bzw. die Vision, die bis zu 40 Prozent einer Leistung ausmachen, zum Erfolg verhelfen können. So wurde beispielsweise eine Gruppe von Baseballspielern aufgefordert, sich eine Verbesserung ihrer Wurfleistung nur vorzustellen. Eine andere Gruppe trainierte, um diese Leistung zu erbringen. Beide Gruppen waren danach gleich gut.
Nun zu Ihnen: Wie oft kommt es vor, dass Sie sich noch nicht einmal in Ihren kühnsten Träumen einen Turniersieg vorstellen können, ja noch nicht einmal den wunderschönen, erlösenden Schlag, der Ihnen Ihren Turnierscore rettet? Dass der Sieg im Kopf beginnt, das wissen erfolgreiche Menschen. Sie ver-

trauen ihrer Kompetenz und werden dafür von Körper, Geist und Seele belohnt. Die Angst vor dem Ball in der schlechten Lage und dem Bunkerschlag ist eine Missachtung der eigenen Fähigkeit. Sie stellen sich selbst ein schlechtes Zeugnis aus. Ihr Unterbewusstsein reagiert Ihrem Gedankenmuster entsprechend, zweifelt daran, dass Sie das schaffen und sendet zu Ihrem Körper entsprechende Signale, Ihre Körperbewegungen stimmen sich darauf ein und der Schlag aus dem Bunker missglückt.

Würden Sie statt Angst, Abenteuerlust empfinden und sich der Herausforderung mutig stellen und zwar nicht nur äußerlich Ihren Flightpartnern, sondern vor allem innerlich Ihrem eigenen Schweinehund gegenüber, könnte Sie ein Ball im Bunker nicht mehr aus dem Gleichgewicht bringen. Der Unterschied zwischen guten und schlechten Turniergolfern besteht unter anderem darin, sich vorstellen zu können, den Ball mit einem professionellen Schlag aus dem Vorgrün-Bunker herauszuspielen, der knapp vor der Fahne zur Ruhe kommt, statt ihn mit ihrer Fantasie an der Bunkerkante hängen zu lassen. »Vor allem, wenn Ihre Schläge undurchdacht und inkonsistent sind, wird es Ihnen helfen, jedes Mal zu visualisieren, was Sie erreichen wollen, bevor Sie sich aufstellen. Ich nenne das meine »Ins-Kino-Gehen«-Disziplin«, so der erfolgreiche Golfpro Jack Nicklaus.

Ein Film kann auch rückwärts laufen. Diese Technik machen Sie sich bei der seelischen Verarbeitung schlechter Schläge zu Nutze.

Nutzen Sie Herausforderungen zur Stärkung Ihres Selbstbewusstseins.

Tipps

1 **Spielen Sie Kopfgolf, denn mindestens 80 Prozent des Spiels auf dem Golfplatz finden im Kopf statt.**

2 **Erst wenn Sie sich einen Punkt zwischen Ihrem Standort und Ihrem Ziel ausgesucht haben, auf den Sie sich ausrichten, und den Flug des Balles vor Ihrem geistigen Auge sehen, schlagen Sie.**

3 **Erst wenn Sie die Puttlinie sehen, putten Sie.**

In einer ruhigen Minute lassen Sie den inneren Film über Ihr schlechtes Golfspiel, Ihren schlechten Schlag ablaufen. Sie erleben das Spiel, den Schlag mit allen Ihren Sinnen noch einmal und im entscheidenden Moment, in dem Sie den Fehler begehen, halten Sie den Film an. Von hier aus spulen Sie den Film zurück, um ihn positiv verändert vorwärts laufen zu lassen. Das gelingt nicht gleich beim ersten Mal und auch nicht vollständig beim zweiten Mal. Sie müssen vorsichtig mit Ihrer Filmspule umgehen und Geduld sowie Ausdauer aufbringen, aber der Aufwand lohnt sich für Sie. Probieren Sie es einfach mal aus!
Eine andere Methode, mit den Schwierigkeiten auf dem Platz fertig zu werden, ist, Ihre Erlebnisse zu Hause in Ihr Turnier-Tagebuch einzutragen, um dann symbolisch das Kapitel in Ihrem Golferleben zu schließen (siehe hierzu auch: Der Eintrag ins Turnier-Tagebuch, S. 139).

Der Einfluss der Sinne

Erleben Sie Ihr Golfspiel bewusst und schulen Sie Ihre Sinne. Versuchen Sie so viel wie möglich positive, bleibende Eindrücke auf allen Wahrnehmungskanälen zu bekommen. Stärken Sie Ihr Auffassungsvermögen und Ihre Konzentration sowie die Koordination von Körper, Geist und Seele, indem Sie die Schönheit der Golflandschaft, in der Sie sich mehrere Stunden während eines Turniers bewegen, wahrnehmen, Sie auf das Geräusch hören, das beim Treffen Ihres Balles erzeugt wird, das frisch gemähte Gras riechen und sich von Ihrem Bauchgefühl leiten lassen. Schreiten Sie über den Golfplatz und üben Sie, Entfernungen abzuschätzen zum Beispiel: Loch 9: Fairwaybunker vom Abschlag 200 Meter entfernt, Abstand zwischen Baum rechts zum Vorgrün 20 Meter usw. Überprüfen Sie mit der auf der Driving Range ermittelten Reichweite jedes einzelnen Schlägers anhand der Entfernungsmarkierungen auf dem Platz, wie weit Sie auf jeder Bahn kommen. Erweitern Sie Ihren Horizont. »Intelligenz ist für einen Turnierspieler unbedingte Voraussetzung, weil das Spiel so schwierig ist und immer wieder neue Aufgaben stellt ... Ohne Intelligenz ist die Technik des Spiels auch nicht wirklich zu erfassen, nämlich so, dass man seinen Schwung selber genau bestimmen kann«, weiß Jack Grout, der Lehrmeister von Jack Nicklaus zu berichten.

Die Power der Sprache

»Ich kann es ...«, »Ich richte meine ganze Energie auf mein Ziel aus.«, »Ich spiele einfach nur gut.«, das sind die motivierenden Worte, die ein erfolgreicher Turnierspieler überzeugt ausspricht. Denn auch an der Sprache erkennt man Siegernaturen. Sie sollten sich öfter selbst zuhören, um Ihren Wortschatz neu zu entdecken.

Menschen, die bei Schwierigkeiten und Problemen meistens versagen, benutzen häufig folgende Worte: »beständig«, »immer«, »ausnahmslos«, »absolut«, »müssen«. Gute Problemlöser verwenden Begriffe wie: »ab und zu«, »gelegentlich«, »häufig«, »unter anderem«, »allenfalls«, »in der Lage sein«. Von der Sprache der Menschen lassen sich Rückschlüsse auf das Handeln ziehen. Schlechte Problemlöser verwenden Begriffe, die nur eine Möglichkeit und keine Alternativen zulassen, während gute Problemlöser eine Nebenlösung nicht ausschließen.

Glaube und Motivation

Sich nicht aufzugeben und immer wieder zum Turnier anzutreten, auch wenn es in den letzten Spielen nicht besonders gut gelaufen ist, das ist die richtige Einstellung für Turniergolfer. Golfer sind sehr abergläubisch, ob es das rote Polo-Shirt ist, das Glück bringt

Tipps

1 **Betreiben Sie Gehirnjogging: Versuchen Sie zum Beispiel beim Üben auf dem Putting-Green auf der Golfanlage oder zu Hause auf dem Putting-Teppich zwei Dinge gleichzeitig zu tun: Sie putten, während Sie sich auf eine andere Sache konzentrieren, auf eine noch zu erledigende Arbeit oder ein Gespräch.**
Spielen Sie Memory mit Bildkärtchen aus der Golfwelt (Remember Products).

2 **Lernen Sie die Bahnlängen Ihres Heimatplatzes auswendig, während Sie darauf warten, weiterspielen zu können.**

und deshalb unbedingt bei dem wichtigen Turnier getragen werden muss oder der Talisman, der immer dann berührt wird, wenn sich sein Besitzer mit seinem Ball im tiefen Rough zurechtfinden muss: Hauptsache, der Glaube hilft. Ob es nur der Glaube und/oder tatsächlich die positive Beeinflussung des eigenen Energiefeldes ist durch Kupfer-Armbänder oder durch den aus einer Resonanzzelle, einem Regelkreis und einer Kupferspule bestehende QLink-Anhänger, den laut Fachkreisen angeblich über 300 Tour-Pros und mehrere Tausende Amateurgolfer mittlerweile tragen, wird wohl niemand, selbst der größte Skeptiker nicht, eindeutig beantworten können. Die meisten Träger der Anhänger und Armbänder führen ihr verbessertes Golfspiel darauf zurück und berichten von der Steigerung der Konzentration, Energie und Ausgeglichenheit unter erhöhtem Druck und Stress sowie von besseren Puttergebnissen und niedrigeren Handicaps. »Einen Monat nachdem ich angefangen habe, QLink zu tragen, habe ich mein erstes Turnier, die Volvo PGA, gewonnen. Es hilft mir, mit dem Druck umzugehen, der entsteht, wenn man ganz vorne mitspielt. Bei entscheidenden Putts bleibe ich ruhig und konzentriert, ich spüre keinen Druck. Dank QLink bin ich weniger nervös und spiele konstanter«, wird der junge Schotte Scott Drummond zitiert.

Von angeblich rund 1000 befragten QLink-Trägern unterschiedlichen Leistungsniveaus wollen 74 Prozent beobachtet haben, dass sich ihr Golfspiel durch das Tragen von QLink positiv verändert habe; 54 Prozent hätten bestätigt, dass sich ihr Handicap verbessert habe; 88 Prozent würden besser putten; bei 85 Prozent hätte sich die Konzentrationsfähigkeit gesteigert; 40 Prozent wollen sich im mentalen Bereich verbessert haben; 90 Prozent würden eine Steigerung ihrer Energie verspüren und 83 Prozent seien ruhiger und ausgeglichener. Golf-Profi Nick

Checkbox

Sagen Sie ab sofort nicht mehr ...

1 »... Ich muss das Turnier spielen«, sondern: »Ich möchte dieses Turnier spielen.«

2 »... Ich werde heute versuchen, nicht schlecht zu spielen«, sondern: »Ich werde heute gut spielen.«

3 »... Ich komme nicht aus dem Bunker raus«, sondern: »Ich habe Bunkerschläge geübt und bin gut vorbereitet.«

4 »... Die Lage meines Balles und damit auch meine ist hoffnungslos«, sondern: »Das ist eine gute Gelegenheit, meinen Lieblingsschläger einzusetzen.«

5 »... Ich komme mit Hanglagen überhaupt nicht zurecht«, sondern: »Das ist eine Herausforderung für mich.«

6 »... Das war ein Glücksputt«, sondern: »Das Üben auf dem Putting-Green hat sich gelohnt.«

7 »... Ich bin einfach kein Turnierspieler«, sondern: »Ich habe mich in Turniergolf weitergebildet«.

8 »... Ich habe mein Handicap verspielt«, sondern: »Beim nächsten Turnier wird es klappen.«

Erfolgreiche Turniergolfer motivieren sich auf ihre ganz bestimmte Art.

Faldo berichtet von einer deutlichen Verbesserung seines Schlafverhaltens seit er den QLink-Anhänger trägt.
Auch während des Spiels können Sie sich mit kleinen Tricks bei Laune halten, zum Beispiel mit dem selbst beklebten lachenden Ballmarker, der Ihnen vor einem schwierigen Putt ganz besonders freundlich entgegenblickt und Sie daran erinnert, sich mit einem Lächeln auf dem Gesicht dem Putt zu stellen. »Auf meinem Ballmarker ist ein Marienkäfer. Wenn einer auf dem Putter landet, ist das ein Zeichen, dass man sehr gut putten wird.« Davon ist die junge erfolgreiche Golferin, Michelle Wie aus Honolulu, die bei der Sony Open nach den Aussagen des berühmten Golf-Coachs David Leadbetter phänomenales Golf gespielt hat, überzeugt. Wie Sie sich motivieren, um gutes Turniergolf zu spielen und an was Sie glauben, bleibt ganz allein Ihnen überlassen.

Die Körpersprache

Mit herunterhängenden Schultern und schleppendem Gang kommt kein Siegerge-

Tipp

Eine positive Wirkung wird auch dem Motivationsposter, das Sie selbst einfach herstellen können, zugesprochen. Scannen Sie Ihr schönstes Golf-Landschaftsfoto oder die Darstellung einer typischen Golfsituation in den Computer ein und wählen Sie als Bildlegende Ihr Etappenziel. In der Nähe Ihres Schreibtisches aufgehängt, werden Sie mit Ihrem Blick auf das Poster an Ihr nächstes Turnierziel erinnert. Auf die Wirkung müssen Sie nicht lange warten.

Checkbox

1 Was verrät Ihre Körpersprache über Ihre Golferseele?

2 Wie tragen Sie Ihre Tasche?

3 Wie ziehen Sie Ihren Golfwagen?

4 Bewegen Sie sich mit kleinen, großen Schritten oder eher schleppend fort?

fühl auf. Wenn es Ihnen gut geht, kommen Sie schneller in Schwung, als wenn es Ihnen schlecht geht. Beobachten Sie doch mal in einer ruhigen Minute auf der Clubterrasse, wie der eine oder andere Golfer das 18. Grün verlässt oder den ersten Abschlag betritt. Achten Sie auf seine Körpersprache, seine Mimik und Gestik und versuchen Sie, Rückschlüsse zu ziehen auf seine momentane Verfassung und vor allem, beobachten Sie sich selbst. Trainieren Sie Ihre Beobachtungsgabe und lernen Sie, Ihre und die Körpersprache Ihrer Mitspieler zu deuten.

Der Golfer, der das Risiko scheut und in jeder Turniersituation auf Sicherheit spielt, ist mit kleinen Schritten unterwegs und seine Schulterpartie wirkt eingeklemmt. Wer mit großen Schritten über den Golfplatz marschiert, denkt im Turnierspiel an weite Schläge und riskiert einiges. Seine Spielweise ist offensiv, in manchen Golfsituationen sogar aggressiv. Der Spieler, der unter Druck steht, atmet im Brustraum, den er energisch Richtung Ziel streckt. Seine Energie fließt nicht. Schauen Sie den Spielern ins Gesicht. Blickt er freundlich oder verbissen drein? Hält er keinen Blickkontakt mit seinem Zähler und greift sich kurz an die Nase, wenn es Probleme bei der Übereinstimmung der Ergebnisse an einem Loch gibt? Der Körper ist der Handschuh der Seele, behauptet Samy Molcho, ein international anerkannter Pantomime. So wie Sie sich fühlen, so bewegen Sie sich auch. Haben Sie Angst vor dem ersten Abschlag, vor dem schlechten Ergebnis des Turniers, verspüren Sie eine Abneigung gegen Ihren Mitbewerber, dann überträgt sich diese Stimmung auf Ihren Körper und Ihre Bewegung. Sie verkrampfen sich. Das Ergebnis können Sie an Ihrer Schlagzahl und der Summe der gesamten Schläge Ihrer Runde ablesen.

Die Kondition

Bei einer Golfrunde verbraucht ein Spieler etwa 1000 Kalorien, legt 10 km zurück und

Turniergolfer achten auf ihre Kondition.

macht rund 14 000 Schritte. Was für Außenstehende wie ein Spaziergang aussieht ist, ist Schwerstarbeit und fordert den Körper heraus. Spielen Sie nicht mit Ihrer Gesundheit. Es gibt Golfer, die sich um ihre Golfausrüstung mehr kümmern als um ihren Körper. Dabei vergessen sie, dass nicht der Titanium-Driver das wichtigste Golf-Werkzeug ist, sondern ihr Körper.
Ein speziell auf den Golfer und das Golfspiel abgestimmtes Konditionstraining verhindert, dass der Golfer zuerst mental und dann körperlich einbricht. Ratgeber wie »Golf fit« geben dem Golfer hilfreiche Tipps zum Aufwärmen und Einschwingen. Bernhard Langer erzählt, dass er immer sehr viel darauf geachtet habe, fit zu bleiben. »Ich laufe gern Ski, fahre gern Fahrrad und gehe regelmäßig ins Fitness-Center.« Als besonders für Golfspieler geeignet empfehlen Sportmediziner Nordic Walking, schnelles Gehen im Gelände mit Stöcken. Besonders in der golfarmen Zeit sollte der Turniergolfer an seiner Kondition arbeiten.

Organisatorisch und routiniert

Bevor der Turniergolfer starten kann, hat er einige Formalitäten zu erledigen. Er geht umso konzentrierter an den Start, je sorgfältiger er seine Turnierteilnahme geplant und vorbereitet hat. Zur Aufregung über den Turnierverlauf müssen nicht noch die Hektik und Unruhe wegen unvollständiger oder falscher Ausrüstung hinzukommen. Wer nach einem bestimmten Plan vorgeht, den er zur Routine bei jedem Turnier werden lässt, beginnt nicht nur äußerlich, sondern auch innerlich aufgeräumt sein Spiel und vermittelt seinen Mitbewerbern oder Gegnern gegenüber noch vor dem ersten Schlag einen professionellen Eindruck, den er mit seinem routinierten Verhalten während des gesamten Golfspiels weiter festigt.
Rainer Gehring, Manager des durch die Turnierauftritte Tiger Woods weltweit be-

Tipps

1 **Zur Kräftigung Ihres Oberkörpers und Ihrer Standposition bieten sich der Boxsack, Punching-Ball oder das Schlagpolster an.**

2 **Für das Trainieren von Körper und Geist, Standposition und Gleichgewicht schwingen Sie sich auf das Wippbrett.**

3 **Während Sie sich im Balancehalten üben, denken Sie über Ihre Platzstrategie für das nächste Turnier nach.**

kannten SAP-Golfclubs St. Leon-Rot, verantwortlich für den reibungslosen Ablauf vieler regionaler, nationaler und internationaler Golfturniere, beobachtet Golfprofis und Amateure bei ihren Turniervorbreitungen und stellt fest, »dass Profis im Gegensatz zu den meisten Amateuren mit einer ganz bestimmten Routine und einem Plan an das Turnierspiel herangehen. Dabei hilft den Profis in Bezug auf die richtige und vollständige Zusammenstellung der Ausrüstung ganz wesentlich der Caddie, der alles vor dem Wettspielbeginn für den Pro checken muss. Amateure müssen sich selbst um ihre Ausrüstung kümmern und hangeln sich im optimalen Fall an einer selbst gebastelten Checkliste entlang, um letztlich nicht bei Regen ohne Schirm oder ohne zweiten Handschuh dazustehen. Auch das Einspielen und Aufwärmen unterliegt bei den Profis einer ganz bestimmten Routine. Die Profis nutzen das Einspielen, um ganz gezielt »Konzentration« aufzubauen, während die Amateure in dieser Phase immer mal wieder ein Schwätzchen oder ein Späßchen mit dem Nachbarn bzw. dem Gegenüber einstreuen. Manche Amateure halten nichts vom Einspielen bzw. Aufwärmen, das ist dann natürlich auch eine Art von Routine: »Ich lass mich mal überraschen, wie es heute läuft.« Alles bleibt damit dem Zufall überlassen. Auffallend ist auf der Runde die Pre-Shot-Routine der Profis als wesentlicher Unterschied zu den Amateuren. Jeder Schlag wird routiniert eingeleitet. Weiterhin reden die Profis sehr wenig auf der Runde und verhalten sich insgesamt viel kontrollierter als Amateure. Man sieht weder Freudenausbrüche über gelungene Schläge noch zeigen sie, dass sie sich über missglückte Shots ärgern.«

Sich professionell vorbereiten wie die Profis.

Tipps

1 **Schieben Sie die Anmeldung zu einem Turnier nicht lange vor sich her und warten Sie nicht bis kurz vor Anmeldeschluss.**

2 **Wenn es organisatorisch möglich ist, melden Sie sich gleich, nachdem Sie Ihren Turnierplan fertig gestellt haben, zum jeweiligen Turnier an, um sich früh zu binden und zu verpflichten, unbedingt den Termin einzuhalten.**

3 **Alle anderen beruflichen und privaten Verabredungen stimmen Sie darauf ab.**

4 **Last-Minute-Turniere sollten die Ausnahme sein.**

Turnieranmeldung

Der Spieler – Clubmitglied oder Greenfeespieler – kann sich, nachdem er das passende Turnier ausgesucht hat und die in der Ausschreibung angegebenen Bedingungen erfüllt, für die meisten Turniere auf vier Arten anmelden:

1. durch den Eintrag in die Turniermeldeliste vor Ort im Clubhaus mit Namen und Angabe der Stammvorgabe,
2. durch Fax an das Clubsekretariat,
3. online über den Golfclub direkt,
4. online über zentrale von Golfverbänden geführte Golf-Turnierkalender. (Die Nummer des Clubmitgliedausweises kann manches Mal bei der Turnieranmeldung verlangt werden).

Beim Online-Verfahren erhält der Golfer bei vielen Golfclubs unmittelbar nach der Registrierung per Mail eine Bestätigung seiner Turnieranmeldung.

Abmeldung vom Turnier

Eine Abmeldung vom Turnier sollte nur in den äußersten Fällen für Sie in Frage kommen zum Beispiel wegen wichtiger unaufschiebbarer beruflicher bzw. privater Termine, Krankheit bzw. Rücksicht auf Ihre Gesundheit, sonstige dramatische Ereignisse.
Ob die Startgebühr bei Ihrer Abmeldung fällig wird, ist von Turnierorganisator zu Golfclub verschieden. Je später Sie sich abmelden, umso geringer ist die Chance, nicht zur Kasse gebeten zu werden, weil bereits

Verwaltungskosten angefallen sind. Bevor Sie sich von einem Turnier abmelden, prüfen Sie Ihr Gewissen, ob Sie den beruflichen Termin nicht doch nur vorschieben, weil ...
– Sie mal wieder mit Ihrem Golfspiel unzufrieden sind, jedoch nichts dagegen unternommen haben;
– Sie keine Lust haben, sich bei schlechtem Wetter, das angekündigt wurde, auf dem Golfplatz herumschlagen zu müssen;
– Sie doch nicht verrückt sind, sich bei dieser Hitze einen Sonnenstich zu holen;
– Ihnen die Mitspieler in Ihrem Flight nicht passen;
– Ihnen der Spielführer mal wieder nicht den winzigen Wunsch erfüllt hat, mit Ihren Golffreunden in einem Flight zu spielen bzw. zu der von Ihnen bereits bei der Anmeldung unmissverständlich geäußerten Startzeit oder Reihenfolge unmittelbar vor oder hinter Ihrem Ehepartner abschlagen zu dürfen. Sie können diese Reihe sicher fortsetzen und um Ihre ganz speziellen Gründe erweitern, oder?

Ein Turniergolfer kennt kein schlechtes Turnierwetter.

Abbruch des Turniers

Ein Turniergolfer kennt kein schlechtes Wetter und deshalb unterbricht er auch nicht sein Spiel, weil er völlig durchnässt ist oder der Wind seinem Ball zu schaffen macht. Auch ein schlechter Spielverlauf und hohe Schlagzahlen sind keine Gründe, ein Turnier vorzeitig zu beenden, die Scorekarte nicht zurückzugeben und das Wettspiel nicht bewerten zu lassen.

Turnierausrüstung

Für die Zusammenstellung und Pflege der Golfausrüstung, mit der der Golfer das Turnier spielt, arbeitet der Turniergolfer folgende Checkliste von oben nach unten ab:

- Batterie von Elektro-Caddy kontrollieren,
- Teebeutel und Handtuch für Golftasche,
- Scorekartenhalter einrichten,
- Schläger nachzählen, maximal 14 dürfen mit auf die Runde,
- Schlägerset auf Vollständigkeit überprüfen: Hölzer mit Schlägerhaube, Eisen, Putter,
- Schlägerfläche, Schaft und Griff säubern,
- Schläger in die Golftasche nach ihrer Größe und in der Reihenfolge der Nummern gruppenweise einsortieren: Driver, Hölzer, Eisen, Pitching-Wedge, Sand-Wedge, Putter,
- Hosentaschen auffüllen mit: gereinigtem und mit wasserfestem Stift markiertem Turnierball sowie Ersatzball (keine X-out-Bälle, da diese nicht für Turniere zugelassen sind. Jeden 1. Mittwoch eines Monats aktualisieren der Royal and Ancient Golf Club of St. Andrews und United States Golf Association die Liste turnierzulässiger Bälle, abrufbar unter: www.randa.org bzw. www.usga.com. Der DGV betont jedoch,

Prüfen Sie Ihre Ausrüstung.

- Regenjacke, Regenhut, Regenschirm, Sonnencreme, Sonnenhut in der Golftasche unterbringen (je nach Wetterprognose für den Turnierort, die der Turniergolfer unter www. Golf.wetter.com abruft oder sich per Mail bzw. SMS schicken lässt),
- Essen (leichte Kost: Banane, Apfel, Schokoriegel) und Trinken (Flasche Mineralwasser) für die Golftasche entsprechend transportsicher verpacken,
- Golfschuhe nach der Art der Spikes (Metall oder Soft), die der Club vorschreibt, aussuchen. Der erfahrene Turniergolfer hat zwei Paar Schuhe, mit Metallspikes und ohne im Kofferraum des Autos. Er erkundigt sich jedoch rechtzeitig beim Spiel auf einem fremden Platz nach den Bestimmungen des Clubs.

Es soll laut Berichten eines Golfjournals sogar schon einmal vorgekommen sein, dass sich ein Clubpräsident, der bei einem Auswärtsspiel in einem Nobelclub seine Golfschuhe vergessen hatte, sich bedenkenlos ein Paar Golfschuhe vom Mitgliederschuhraum griff.

dass handelsübliche Bälle den Anforderungen der Golfregel 5 entsprechen und deshalb Clubs nicht Extra-Prüfungen durchführen müssen), Turnier-Handschuh (mit integriertem Markierungsknopf), regelkonformem Tee (es darf nicht länger als 101,6 mm und nicht so gestaltet sein, dass es die Spiellinie anzeigen oder die Bewegung des Balles beeinflussen kann), Ballmarker (Geldstück oder Glücksbringer), Pitchgabel und angespitztem Bleistift,
- mindestens sechs Reservebälle, einen Reservehandschuh, einen Reservebleistift und ausreichend Tees im Golfbag verstauen,

Denken Sie an Ihre Reserven.

Er habe sich weder vor noch nach dem Turnier mit dem Besitzer der Schuhe in Verbindung gesetzt. Nur seine Golfsocken habe er nach dem Spiel weggeworfen, weil sie fünf Stunden in fremden Schuhen gesteckt hätten.

Turniervoraussetzungen

Bevor der Turniergolfer mit den Übungen zum Aufwärmen und Einschwingen beginnt und sich auf die Übungsanlagen begibt, zahlt er im Clubsekretariat seine Startgebühr und holt seine Scorekarte ab, die er nach seiner aktuellen Vorgabe überprüft. Auf der Startliste schaut er nach, ob sich an seiner Startzeit etwas geändert hat und informiert sich nach den speziellen Platzregeln, die entweder auf der Rückseite der Scorekarte oder auf einem separaten Aushang im Clubhaus aufgeführt sind.

Das offizielle Regelwerk lässt der Spielleitung bei einzelnen den Turnierablauf betreffenden Bestimmungen Spielräume, die diese nutzen können oder auch nicht. Es liegt ganz allein im Verantwortungsbereich des Turnierspielers sich rechtzeitig zu informieren, ob für das Turnier, an dem er teilnimmt, solche Änderungen festgesetzt wurden. Unterlässt er dies und verhält sich entsprechend falsch, kann er disqualifiziert werden.

Mögliche regelabweichende Bestimmungen der Spielleitung, über die sich der Turnierspieler Klarheit verschaffen sollte, sind:

- Abspielzeit: Die Spielleitung braucht den Spieler, der innerhalb von fünf Minuten nach seiner Abspielzeit am Start eintrifft, nicht zu disqualifizieren, sondern kann im Lochspiel mit Lochverlust am ersten Loch und im Zählspiel mit zwei Schlägen am ersten Loch bestrafen.
- Caddie: Die Spielleitung kann den Einsatz von Caddies untersagen oder den Spieler in der Wahl des Caddies einschränken.
- Etikette: Bei schwerwiegendem Verstoß eines Spielers gegen die Etikette darf die Spielleitung diesen disqualifizieren.
- Spieltempo: Die Spielleitung kann Zeiten festlegen, wie lange eine Golfrunde, das Spielen eines Loches und die Ausführung eines Schlages höchstens dauern dürfen. Im Zählspiel kann die Spielleitung auffällige Spieler für den ersten Verstoß mit einem Schlag, den zweiten Verstoß mit zwei Schlägen und bei einem weiteren Verstoß

Tipp

Erkundigen Sie sich, welche clubinternen Verhaltensregeln gegenüber Hemmnissen auf dem Platz, befestigten Straßen oder Wegen, Boden in Ausbesserung, Wasserhindernissen, zeitweiligem Wasser, Seen, Meer, Fluss, Neuanpflanzungen, Aus-Grenzen usw. befolgt werden müssen.

mit Disqualifikation bestrafen. Es gibt Richtlinien zum Spieltempo. Der Zeitrahmen sieht für den 1. Spieler 60 Sekunden vor und den Nachfolgenden werden jeweils 45 Sekunden Zeit für den Schlag nach Erreichen des Balles zugestanden. Folgende Zeiten gelten als Basis für die Entscheidungen der Spielleitung: Zweiball für Par 3 neun Minuten, Par 4 elf Minuten und Par 5 13 Minuten; Dreiball für Par 3 elf Minuten, Par 4 14 Minuten und Par 5 16 Minuten; Vierball für Par 3 12 Minuten, Par 4 15 Minuten und Par 5 17 Minuten. Um diese erlaubten Spielzeiten ungefähr kontrollieren zu können, müssen genügend Clubmarshalls und Hilfssheriffs als Aufsichtsperson eingesetzt werden. Die langsame Spielergruppe wird zuerst ermahnt. Danach wird die Zeit gestoppt und bei keiner Besserung des Zustandes wird der Flight bestraft.

- Spielunterbrechung: Die Spielleitung ist berechtigt, den Spieler zu disqualifizieren, der nicht der Aufforderung der Spielleitung folgt, das Spiel wegen drohender Gefahr zu unterbrechen.
- Üben auf dem Wettspielplatz: Der Spielleitung steht es zu, das Üben auf dem Wettspielplatz an jedem Tag eines Lochwettspiels zu untersagen oder das Üben auf dem Wettspielplatz bzw. Teilen des Platzes an jedem Tag oder zwischen den Runden eines Zählwettspieles zu gestatten.
- Üben auf dem Grün: Die Spielleitung kann das Üben oder Rollen eines Balles auf oder nahe am Grün des zuletzt gespielten Lochs untersagen.
- Unbewegliches Hemmnis: Die Spielleitung kann bestimmen, dass der Spieler den nächstgelegenen Punkt der Erleichterung nicht durch Kreuzen unter dem Hemmnis hindurch oder darüber hinweg oder durch das Hemmnis hindurch feststellen darf.
- Ungewöhnlich beschaffener Boden: Der Spielleitung ist es erlaubt, dem Spieler Erleichterung bei Behinderung seiner Standposition zu versagen.

Spielen Sie immer zügig.

Wenn es trotz Caddie und guter Organisation sowie erprobter Routine immer wieder auch erfahrenen Profis passiert, dass sie schwerwiegende Fehler im Turnier begehen und deshalb disqualifiziert werden, umso wichtiger ist es für Golfamateure, jedes Turnierspiel, am besten jedoch auch jede private Golfpartie, nach einem festen Timing ablaufen zu lassen.

Versäumnisse und Missgeschicke

Mangelhafte Vorbereitung und chaotisches Vorgehen im Turnier können zu peinlichen und folgenschweren Situationen führen ...

Spielen Sie immer routiniert ...

... am ersten Abschlag

- Spieler kommt zu spät zum Start.
- Spieler startet von falschem Loch und mit dem falschen Flight.
- Spieler vergessen, ihre Bälle mit Fabrikationsnamen und Nummer vor dem Spiel den Flightpartnern zu nennen. Das rächt sich spätestens dann, wenn zwei gleiche Bälle ohne persönliches Erkennungszeichen identifiziert werden müssen und festzustellen ist, welcher Ball zu welchem Spieler gehört.
- Spieler versäumen, ihre Scorekarten auszutauschen.
- Spieler tauschen ihre Scorekarten falsch aus, sodass der von der Spielleitung eingesetzte und auf der Scorekarte vermerkte Zähler nicht mit dem zu zählenden Spieler übereinstimmt. Profispieler Mark Roe und Jesper Parnevik passierte dies nach Beenden der 3. Runde beim 132. Open Golf Championship. Roe schildert den Vorfall: »Wir hatten zu Beginn der Runde aus irgendeinem Grund vergessen, unsere Scorekarten auszutauschen ... Daher schrieb ich sein Ergebnis auf meine Scorekarte und er seines auf seine eigene Karte. Ich habe die Karte drei Mal geprüft, bevor ich sie abgegeben habe, aber auch im Score-Zelt hatte niemand den Fehler bemerkt.« Diese unkorrekte Scorekartenführung wurde danach mit Disqualifikation geahndet.

... während des Turniers

- Spieler hat sich beim Zusammenstellen der Schläger verzählt und hat mehr als 14 Schläger im Bag.

- Spieler versetzt auf dem Grün seine Ballmarke, um den Putt des Flightpartners nicht zu behindern, und vergisst die Marke wieder an die ursprüngliche Stelle zu legen. Er spielt den Ball aus einer falschen Lage wie Golfpro Bobby Locke, dessen Ball etwa ein Meter vom Loch entfernt war, als er seinen Ballmarker eine Putterkopflänge zur Seite in den Boden drückte, damit sein Mitbewerber ungehindert putten konnte. Dieser brauchte drei Putts, sodass Locke jetzt nur noch einputten musste, um als Sieger das Turnier zu beenden. Vor lauter Vorfreude und Aufregung vergisst Locke jedoch, den Marker wieder zurückzulegen und locht von einer falschen Ausgangslage ein.
- Zähler verliert unterwegs unbemerkt die Scorekarte seines Mitbewerbers.

Spielen Sie immer konzentriert.

... nach dem letzten Loch

- Spieler bzw. Zähler unterschreiben die falsche Scorekarte oder vergessen sie abzuzeichnen.
- Zähler streicht falsch eingetragene Zahl auf der Scorekarte seines zu zählenden Spielers nicht ordnungsgemäß aus und kennzeichnet die ausgebesserte Zahl auch nicht mit seinem Namenskürzel.
- Zähler schreibt falsche Schlagzahl auf und Spieler bestätigt mit Unterschrift das Ergebnis, er merkt diesen Fehler jedoch erst nach Abgabe der Scorekarte. So geschehen bei den US-Masters: Ein Mitbewerber des Argentiniers De Vincenzo trägt ihm auf seiner Karte eine 4 statt eine 3 ein. De Vicenzo unterschreibt und kommentiert dies später mit: »Wie dumm ich doch bin«.
- Zähler schreibt die eigenen Schlagzahlen in die für den Mitspieler vorgesehene Spalte. Ihm und dem gezählten Spieler fällt dies auch beim Vergleichen der Scorekarten nicht auf.
- Der Spieler bemerkt nicht, dass sein Zähler durch den Kanonenstart irritiert, das erste Schlagergebnis nicht dem Loch zuordnet, an dem gestartet wurde, und als Folge davon alle Ergebnisse falsch einträgt.
- Spieler reicht seine Scorekarte nicht rechtzeitig im Wettspielbüro zur Auswertung ein.
- Spieler vergisst seine Scorekarte abzugeben.

Schlagtechnisch und strategisch

Für einen zufrieden stellenden und erfolgreichen Auftritt eines Turniergolfers sind Treffsicherheit durch einen soliden Schwung und strategisches Denken notwendige Voraussetzungen. Golfer, die es dem Zufall überlassen, wie sie den Ball treffen und wo er auf der Bahn landet, die sich nicht vor jedem Schlag wie die Pros mit der nötigen Geduld und der erforderlichen Konzentration auf den einen einzigen gerade auszuführenden Schlag vorbereiten, die keine Spiel- und Platzstrategie haben, dürfen sich nicht über ihr unbeständiges Spiel beklagen. Keinem Pro, der mit dem Golfspielen seinen Lebensunterhalt bestreitet, käme es in den Sinn, bei einem Turnier mitzuspielen, ohne sich vorher darauf vorbereitet oder mit seinem Spiel und dem Platz, auf dem er spielen wird, auseinander gesetzt zu haben. Dies tun Pros, obwohl sie täglich mehrere Stunden trainieren und vor allem regelmäßig Golf spielen, während sich Amateure meistens lediglich an Wochenenden und ab und zu für wenige Stunden unter der Woche mit Golf beschäftigen.

Trainieren Sie immer regelmäßig und gewissenhaft.

Checkbox

1 Gehen Sie so unvorbereitet – ohne Plan und Strategie – wie Sie zum Golfturnier antreten auch in Ihre Konferenz oder zu einem wichtigen Gespräch?

2 Wie gehen Sie hier vor?

3 Warum übertragen Sie diese im Beruf und im Alltag erprobte Vorgehensweise nicht versuchsweise auf Ihr Turniergolf?

4 Beschreiben Sie auf einem in zwei Spalten aufgeteilten DIN A4-Blatt auf der linken Blatthälfte Schritt für Schritt die Art und Weise, auf was Sie sich beruflich besonders konzentrieren, über was Sie nachdenken und welche Bedenken Sie haben.

5 Übersetzen Sie nun die einzelnen Schritte ins Turniergolf und tragen Sie diese in die rechte Spalte ein.

Reichweiten-Übersicht – Driving Range					
Schläger:	Entfernung bei 1. Übungseinheit (ÜE)	2. ÜE	3. ÜE	4. ÜE	5. ÜE
Eisen 3	100 Meter	150 Meter	160 Meter	120 Meter	160 Meter
Eisen 4					
Eisen 5					
Eisen 6					
Eisen 7	120 Meter	130 Meter	90 Meter	120 Meter	100 Meter
Eisen 8					
Eisen 9					
Pitching Wedge					
Sand Wedge					
Driver	200 Meter	180 Meter	180 Meter	190 Meter	180 Meter
Holz 3					
Holz 5					
Holz 7					

Jeder Golfer hat einen Lieblingsschläger, der ihn aus der einen oder anderen misslichen Lage gerettet hat und dem er deshalb besonderes Vertrauen schenkt. Es ist zu empfehlen, gerade diesen Schläger immer dann ins Spiel zu bringen, wenn es gilt, mit sehr viel Selbstvertrauen Ball und Spieler aus einer Zwangslage zu befreien. Auch beim Eröffnungsschlag, der bei den meisten Golfern den Blutdruck in die Höhe treibt (laut medizinischen Studien liegt der systolische Blut-

Gehen Sie entspannt – innerlich und äußerlich – auf die Turnierrunde.

Wählen Sie Ihren Lieblingsschläger bei brenzligen Balllagen.

druck im Durchschnitt zwischen 154 und 148 vor dem 1. Abschlag, zwischen 142 und 139 während des Turniers und zwischen 133 und 132 nach dem 18. Loch), kann der Lieblingsschläger eine beruhigende Wirkung haben, einen ausgeglichenen, rhythmischen Schwung und das gute Gefühl für das weitere Turnierspiel bewirken.

1. Ermitteln Sie, wie weit Sie mit den jeweiligen Schlägern den Ball befördern können.
2. Die Reichweiten notieren Sie, um die Angaben immer wieder im Training überprüfen zu können.
3. Die ermittelten Werte vergleichen Sie über einen längeren Zeitraum in regelmäßigem Abstand und bilden einen Mittelwert, an dem Sie sich ab sofort orientieren.

Defensiv oder offensiv spielen?

Golf wird als Spiel bezeichnet, das seine Spieler Demut lehrt. Gerade wenn sein Spiel besonders gut läuft, sollte der Golfer nicht übermütig werden. Wer zu viel will und keine realistischen Etappen- oder Detailziele hat, setzt sehr viel aufs Spiel. Im Golf etwas erzwingen zu wollen, ist aussichtslos. Sich in schwierigen Situationen zu überfordern, kann teuer werden. Es kann den Spieler nicht nur Energie, sondern auch viele Schläge kosten. Auf schwierigen Bahnen sollte der Turniergolfer die defensive Spielweise der offensiven vorziehen. Auf leichten Bahnen spielt er dagegen aggressiv. Er wägt sorgfältig das Risiko ab und entscheidet erst, nachdem er sich seine Strategie überlegt hat. »Lieber aus dem Rough kurz raus als zu tief

Achten Sie auf Ihre – innere und äußerliche – Standposition.

rein«, lautet die Devise des erfahrenen und erfolgreichen Amateurgolfers. Statt bei Gefahren auf der Bahn mit dem Fairwayholz Weite erzielen zu wollen, spielt er mit dem langen Eisen auf Sicherheit. Er ist so klug, lieber nach der Regel Erleichterung in Anspruch zu nehmen, als Erschwernis des Scores hinzunehmen, sich eher das Ziel zu setzen, den Ball so nah wie möglich ans Loch zu putten als sich vorzunehmen, den Ball gleich einzulochen; besser um den Wald herum als drüber oder in die Bäume hinein zu spielen, auch wenn solche gewagten Schläge den Profis bei Golf-Übertragungen im Fernsehen gelingen.

Im Gegensatz zum Amateur fürchten sich die Profis jedoch nicht vor dieser Balllage und empfinden sie nicht als Bestrafung, sondern als Herausforderung. Profis wissen ganz genau, wann sie auf welche Art den Ball spielen müssen, um auf einen schlechten Schlag einen guten Schlag folgen zu lassen und nicht wie der Amateur, einem miserablen Schlag mit einer Serie von schlechten Schlägen zu begegnen. Bernhard Langers Kollegen sehen eine seiner vielen Stärken im Turniergolf darin, dass er eine sehr gute Spielstrategie verfolgt. Ausschlaggebend sei das sorgfältige Abwägen und Festlegen, wo er aggressiv und wo er defensiv spielt.

Haben Sie sich für eine Spielweise, defensiv oder offensiv entschieden, denken Sie nicht mehr an die möglichen Konsequenzen, sondern vertrauen Sie auf Ihr Können.

Besonders weibliche Golfer haben Probleme, zu ihren Entscheidungen zu stehen und verderben sich durch ihre Unsicherheit ihren Schlag, was sie meistens auf eine fehlerhafte Schlagtechnik anstatt auf mangelndes Selbstbewusstsein zurückführen.

Finden Sie Ihren – inneren und äußeren – Ruhepol.

Der Rhythmus

Amateurgolfer sollten den bedeutenden Pros der Golfwelt genau auf den Schwung sehen und von ihnen lernen, wie diese sich auf den nächsten Schlag vorbereiten. Nutzen Sie Veranstaltungen wie die Golf Open, zu denen bedeutende Golfprofis an den Start gehen, um sich beim Zuschauen live vor Ort oder vor dem Bildschirm Tipps zu holen und auf das eigene Spiel zu übertragen.
»Jetzt sage ich vor jedem Abschlag: Fred Couples, Fred Couples, Fred Couples. Cou-

Tipps

1	**Imitieren Sie den Pro, dessen Schlagvorbereitung Sie anspricht. Gestalten Sie danach Ihre persönliche Pre-Shot-Routine, Ihren individuellen Rhythmus, den Sie dann nicht mehr ändern, noch nicht einmal das kleinste Detail daran.**
2	**Üben Sie so lange, bis Ihnen Ihre persönliche Routine in Fleisch und Blut übergegangen ist.**

ples hat ein ausgezeichnetes Finish, und ich versuche immer, mir seinen Schwung vorzustellen, wenn ich abschlage«, verrät der Topmanager Jack Welch in seiner Biografie sein Golf-Erfolgsrezept. Vielleicht sagen Sie ab sofort, bevor Sie abschlagen: Tiger Woods, Tiger Woods, Tiger Woods oder Marcel Siem, Marcel Siem, Marcel Siem.
Die bereits erwähnte Pre-Shot-Routine, die exakte, immer nach dem gleichen Rhythmus automatisch ablaufende Vorbereitung jedes einzelnen Schlages, ist bei jedem Pro im Detail unterschiedlich, zum Beispiel die Abläufe am Abschlag, wie oft er zum Ziel blickt, seine Vorgehensweise bei der Auswahl des Schlägers, die Anzahl der Probeschwünge, die er macht, wie er sich positioniert, die Art wie der Spieler die Flugbahn seines Balles verfolgt, die Konzentrationsphase auf dem Grün vor dem Putt usw. Alle Pros gleichen sich jedoch in der stoischen Ruhe, die sie ausstrahlen, in ihrer Ausdauer und ihrer Konzentration, ja sogar im Gesichtsausdruck, in ihrer Körpersprache. Achten Sie bei der nächsten Golf-Übertragung einmal darauf.

Finden Sie Ihren authentischen Schwung.

Auf dem Abschlag

Die Abschlagsfläche ist der einzige Bereich auf dem Golfplatz, in dem der Golfer die Position, von der er seinen Ball spielen kann, selbst bestimmt. Nutzen Sie diese Möglichkeit, an jeder Bahn sorgfältig die passende Stelle auszusuchen, wo Sie den Ball aufteen können. Stören Sie Divots oder abgebrochene Tees? Dann räumen Sie diese gleich aus dem Weg, um sich während der Einleitung des Schwunges davon nicht ablenken zu lassen. Bevor Sie den Ball ins Spiel bringen, reinigen Sie ihn. In den meisten Clubs befinden sich Ballwäscher direkt am Abschlag. Die Reinigung des Balles kann Teil eines Rituals sein, um sich und Ihren Ball von den Spuren des vielleicht nicht gerade gut beendeten Lochs zu befreien und neu – Sie innerlich und Ihr Ball äußerlich gereinigt – am nächsten Tee zu starten.

Treten Sie einen Schritt vom aufgeteeten Ball zurück und lassen Sie Ihren Blick über die Bahn schweifen. Nach einem Rundumblick suchen Sie sich für die Ausrichtung einen Punkt auf dem Fairway zwischen Ihrer Abschlagsposition und dem Ziel, auf den Sie sich ausrichten. Stellen Sie sich die Flugbahn Ihres Balles vor. Wenn es nicht gleich so gelingt, versuchen Sie es immer wieder. Trainieren Sie Ihr geistiges Auge.

Konzentrieren Sie sich besonders auf den ersten Schlag Ihres Turnierspiels.

Machen Sie auf jedem Abschlag immer die gleiche Anzahl von Probeschwüngen, nicht auf dem einen Abschlag gar keinen Probeschwung, dafür aber auf dem nächsten Tee dann zwei Probeschwünge. Das bringt Sie nur aus dem Konzept. Gewöhnen Sie sich an, erst daran zu denken, wie Sie den Schwung ausführen, wenn Sie sich die Flugbahn und Landung während des Probeschwunges auf dem angepeilten Bereich vorstellen können. Das Beenden des letzten Probeschwunges ist für Sie der Impuls, Ihre Gedanken abzu-

Tipp

Spreizen Sie Ihre Finger, während Sie den Handschuh anziehen, ganz bewusst weit. Der Trick dabei ist, dass Sie mit gespreizten Fingern automatisch tiefer Luft holen und dadurch auch ruhiger werden.

schalten und während der Ausführung des regulären Schwunges an nichts mehr von all dem zu denken. Gedankenlos mit einem freundlichen Lächeln auf Ihrem Gesicht blicken und sprechen Sie den Ball an. Gedankenlos schlagen sie nach dem Ball.

Übung

Um den Zustand der Gedankenlosigkeit genau im entscheidenden Moment zu erreichen, führen Sie zu Hause mindestens vier Wochen täglich für wenige Minuten folgende Konzentrationsübung mit einem Golfball aus:
Malen Sie mit einem wasserfesten Filzstift einen Dimple (Grübchen) in der Mitte der makellosen und vor allem logo- bzw. markenlosen weißen Fläche Ihres Golfballs schwarz aus.
Schauen Sie diesen schwarzen Punkt mit einem freundlichen Blick so lange an, bis Ihre Lider flackern und Ihre Augen tränen. Schließen Sie zur Entspannung der Lider kurz Ihre Augen.
Wiederholen Sie diese Übung mehrmals. Üben Sie so lange, bis Ihre Augen sich an diesen Blick gewöhnt haben und Sie für mehrere Minuten den Punkt auf Ihrem Golfball anblicken können, ohne mit den Wimpern zu zucken. Diesen Blick setzen Sie bei jedem Abschlag ein.
Dazu setzen Sie den Ball genau so auf das Tee, dass Sie den schwarzen Dimple anschauen können.
Werden Sie durch irgendetwas in der Schwungvorbereitung abgelenkt, spüren Sie vielleicht, dass der Boden unter Ihren Füßen uneben ist oder haben Sie auf ein Geräusch gehört? Dann seien Sie bitte so vernünftig und unterbrechen Sie sofort, um noch einmal Schritt für Schritt von vorne zu beginnen. Schämen Sie sich deswegen nicht vor Ihren Mitspielern oder ziehen Sie gar aus falscher Rücksichtnahme den Schwung durch, obwohl Sie noch nicht bereit dazu sind.

Blicken Sie auf den schwarzen Punkt auf Ihrem Ball.

Auf der freien Bahn

Sie wählen noch am Abschlag den Schläger aus, den Sie spontan aus der jetzigen Sicht für passend halten. Während Sie mit Ihren Mitspielern unterwegs zu Ihren Bällen sind bzw. warten, bis die anderen geschlagen haben, nutzen Sie die Zeit, sich auf Ihren nächsten Schlag einzustellen. Liegt der Ball nicht so, wie Sie es erwartet haben, schalten Sie Ihr Bauchgehirn ein und überdenken Sie noch einmal Ihre Schlägerwahl. Sie achten auf die Markierungen, mit deren Hilfe Sie die Entfernung bis zur Mitte oder zum Anfang des Grüns ermitteln, die Sie dann in Beziehung zur Reichweite Ihres Schlägers setzen.

Abseits der Bahn

Ist Ihr Ball im Rough verschwunden? Bewahren Sie einen kühlen Kopf! Wenn Sie sich nicht sicher sind, den Ball wieder zu finden, obwohl Sie sich einen Orientierungspunkt gemerkt haben, fragen Sie Ihre Flightpartner, wie diese die Chance einschätzen. Beim geringsten Zweifel spielen Sie einen provisorischen Ball und zwar genauso so optimistisch und gelassen, als wäre es Ihr erster Spielball. Ist der Ball tatsächlich verloren, können Sie sich gleich auf Ihren provisorischen Ball konzentrieren und Zeit, Nerven sowie Energie sparen, die Sie verlieren würden, müssten Sie noch einmal zurück zum Ausgangspunkt. Vielleicht sind Sie im Angesicht des tiefen Roughs und der Beschaffenheit dieses Wildwuchses sogar froh, Ihren Ball nicht wiederzusehen. Finden Sie ihn, sollten Sie die Lage des Balles und Ihre Schlagfertigkeit realistisch einschätzen. Wenn Sie das Gefühl haben, dass sich der Schläger im Gras verheddern könnte, sollten

Schätzen Sie Ihre Schlagfertigkeit realistisch ein.

Sie Charakter- statt Spielstärke beweisen und der Versuchung widerstehen, den Ball möglichst weit zu schlagen. Spielen Sie den Ball vorsichtig kurz raus und wieder auf das Fairway.

Auf dem Grün

Auf dem Grün dürfen Sie so wie auf dem Abschlag Ihren Ball wieder anfassen. Auch wenn er keinen Spieler behindert, markieren Sie seine Lage mit Ihrer Glücksmarke und nehmen den Ball auf, um ihn zu säubern. Sie schauen nach Ihrer Pitchmarke und bessern sie aus, bevor Sie sich Ihrem Putt widmen.

Tipp

Bilden Sie mit Ihren Händen Scheuklappen und nutzen Sie den Tunnelblick, um ohne Spiegelung des Lichtes und Störung durch das Umfeld einen möglichen Break zu erkennen.

Das wiederholen Sie auf jedem Grün. So lange Sie noch nicht an der Reihe sind, studieren Sie das Grün. Achten Sie auf die Bälle Ihrer Mitspieler, um etwas über die Schnelligkeit des Grüns zu erfahren und für Ihren Putt die erforderlichen Maßnahmen abzuleiten. Mancher pfiffige Amateurgolfer lässt seinem Mitspieler gern den Vortritt und puttet nicht zuerst, obwohl er an der Reihe wäre, nur um zu beobachten, wie sich der Ball auf dem Grün verhält. Legen Sie den Ball wieder an den ursprünglichen Platz zurück und zwar so, dass Sie den schwarzen Konzentrationspunkt, den Markennamen, das Logo oder Ihre persönliche Kennzeichnung auf das Loch ausrichten. Weichen Sie einen Schritt zurück und gehen Sie in die Hocke, um aus entsprechender Entfernung die Puttlinie zu studieren.

Skizzieren Sie Ihre Lieblingsbahn und Ihr Horrorloch.

Das Layout des Platzes

Können Sie spontan aus dem Gedächtnis das Layout der Golfbahn, die Sie auf Ihrem Heimatplatz oder auf Ihrem Stammgolfplatz gern spielen, und das Ihres Horrorlochs mit allen Hindernissen und Gefahrenzonen aufzeichnen? Probieren Sie es, beweisen Sie, wie gute Ihre Platzkenntnisse sind. Vergleichen Sie Ihre Skizzen mit dem realen Verlauf der Golfbahnen.

Selbst Golfer, die mindestens ein Mal in der Woche Ihren Heimatplatz bespielen, werden damit Probleme haben, Spielflächen im Detail zu beschreiben. Sind Sie Ihren Golfplatz denn schon mal abgelaufen, ohne den Schläger zu zücken? Für manche Profis ist das Bestandteil ihrer Turniervorbereitung. Während der Inspektion der Spielfläche machen sie sich Notizen über die Eigenheiten des Platzes, die Beschaffenheit des Bodens und die Besonderheiten der Hindernisse, auf die sie bei der Entwicklung der Platzstrategie zurückgreifen. Für Amateurgolfer reicht schon der Blick in das Birdiebook, das alle wichtigen Informationen über den Verlauf und die Abmessungen der jeweiligen Golf-

Checkbox

1. Welche Bahn ist Ihnen leichter gefallen darzustellen? Die angenehme oder unangenehme Golfbahn?
2. Haben Sie auf beiden Bahnen alle Hindernisse berücksichtigt und richtig angeordnet?
3. Welche Eindrücke haben die Bahnen bei Ihnen hinterlassen?

bahnen beinhaltet, um sich über Ausgrenzen, Bunker, Wasserhindernisse, Waldstücke, bewegliche und unbewegliche Hemmnisse auf dem gesamten Platz zu informieren. Besorgen Sie sich das Birdiebook rechtzeitig im Clubsekretariat, um Ihr Turnierspiel Bahn für Bahn strategisch vorzubereiten und sich zum Beispiel schon vor dem ersten Schlag zu überlegen: Schlage ich den Ball vor dieses Hindernis oder schlage ich ihn über das Hindernis hinaus? Mit welchem Schläger erreiche ich dies? Viele Golfclubs halten diese Informationen auch auf ihren Homepages vor. Der Turniergolfer kann somit rechtzeitig vor dem Turnier den Platz und die Beschreibungen sowie Empfehlungen – je nach Internetauftritt und Service des Clubs – in aller Ruhe zu Hause studieren. Es ist sogar bei vielen Clubs möglich, den Verlauf der einzelnen Bahnen virtuell über Webcams und Simulatoren zu verfolgen. Der Golfer kann sich sein persönliches Birdiebook erstellen, in dem er die einzelnen Bahnen auf dem Computer ausdruckt, um darin seine strategischen Maßnahmen einzutragen und die Schlägerauswahl zu notieren. Kopfgolf steht auf dem Trainingsprogramm des Homegolfers.

Schauen Sie sich die Spielbahnen an und zeichnen Sie ein, wie Sie diese Bahnen spielen würden. Richten Sie Ihr Augenmerk zuerst auf das Grün und orientieren Sie sich von dort aus rückwärts in Richtung

Nehmen Sie sich das Layout jeder Spielbahn vor und zeichnen Sie Ihre Spielmöglichkeiten ein.

Tee. Bei der zweiten Inspektion der Bahn schlagen Sie sich nun wie beim Turnier vom Tee aus zum Grün vor. Zeichnen Sie so viele Möglichkeiten, das Grün zu erobern, wie Ihnen einfallen und Sie sich zutrauen: die offensive, die defensive, die realistische, die utopische Variante. Notieren Sie, mit welchem Schläger Sie welche Stelle erreichen wollen. Spielen Sie mit den Filzstiften in der Hand Tischgolf auf den ausgesuchten Bahnen: Nehmen Sie sich das Layout des Golfplatzes vor, den Sie oft bespielen und den Sie sehr gut kennen. Kopieren Sie sich die Skizzen der einzelnen Bahnen aus dem Birdiebook farbig oder drucken Sie die Layouts aus dem Internet aus. Versuchen Sie, Ihr letztes Golfspiel noch einmal in Gedanken abzuspielen, sich an die einzelnen Schläge zu erinnern und sie auf der Kopie einzutragen. Vermerken Sie an den Stellen, an denen Sie Probleme hatten, wie Sie sich hier verhalten haben. Spielen Sie mehrere Möglichkeiten durch: beispielsweise die Strategie, die auf dem verstärkten Einsatz Ihres Lieblingsschlägers basiert oder die Strategie, nach der Sie das Eisen dem Fairwayholz vorziehen. Beziehen Sie in Ihre strategischen Überlegungen die Beschaffenheit des Bodens bzw. das Wetter mit ein. Hinterfragen Sie, wie der Platz wohl nach starkem Regen oder nach langer großer Hitze aussieht. Ihren Ideen sind keine Grenzen gesetzt.

Das einzige Ziel ist es, den Ball im Spiel zu behalten. Auf einer weiteren Kopie tragen Sie die Spielvariante ein, die Sie aus der heutigen Sicht wählen würden. Mit dieser Strategie im Kopf gehen Sie nun auf die nächste Runde und setzen diese Schlag für Schlag um. Nehmen Sie Ihre Aufzeichnungen mit auf den Platz, um zu gegebener Zeit Änderungen im Spielverlauf einzutragen. Auf diese Art erarbeiten Sie auch die Strategie für den Turnierplatz. Bahn für Bahn bewegen Sie sich mit dem Farbstift über das Layout und entwickeln Ihren Spielplan. Durch die Layout-Methode führen Sie sich den Spielverlauf vor Augen und Sie halten Ihre Strategie schriftlich fest.

Über zwei Wahrnehmungskanäle verinnerlichen Sie Ihre Ziele.

Der Tag vor dem Turnier

Wenn Sie es zeitlich ermöglichen können, spielen Sie am Tag vor dem Turnier eine Golfrunde auf dem Turnierplatz. Ob Sie allein golfen oder mit anderen, hat keine Bedeutung. Sie spielen unter Turnierbedingungen und gehen am nächsten Tag nicht mit dem schlechten Gewissen im Bag an den Start, nicht genug getan zu haben. Spielen Sie nach der Strategie, die Sie zu Hause entwickelt haben. Reicht Ihre Zeit nicht für eine 18-Loch-Runde, dann drehen Sie doch eine Runde auf dem Kurzplatz und simulieren einige schwierige und unangenehme Spielsituationen: Ball liegt im Rough, Ball liegt im Bunker.

Ein ganz besonderes Gerät für kontinuierliches Trainieren von Abschlägen, Pitch- und Chip-Schlägen, ohne Griff und Körperposition verändern zu müssen, ist der solarbetriebene oder ferngesteuerte Ballspender, den sich nicht nur Golfanlagen, sondern auch Privatpersonen zulegen können und damit auch etwas Abwechslung in die Übungsphase bringen. Über einen Trichter wird der Ballspender mit Bällen gefüllt. Durch Tippen

Checkbox

1 Versuchen Sie, sich Ihre Bewegungen in Zeitlupe vorzustellen.

2 Bewegen Sie sich bewusst langsamer.

3 Lassen Sie keine Hektik aufkommen.

4 Sprechen Sie leise vor sich hin, was Sie jetzt unternehmen, um sich und Ihren Ball aus dieser Situation zu befreien.

5 Gehen Sie auf die Driving Range, um nur die Schläge zu üben, die Ihnen besonders schwer fallen.

mit dem Schläger auf eine Auslösevorrichtung wird ein Ball dahin gerollt, wo ihn der Spieler haben will. Für Drives rollt der Ball in eine Kuhle auf ein versenktes Tee, wodurch ein Mechanismus ausgelöst wird, über den das Tee mit dem Ball auftaucht, um vom Golfer abgeschlagen zu werden.
Putten Sie spaßeshalber auf dem Putting-Green den Ball mit dem Rücken zum Loch durch Ihre Beine hindurch oder führen Sie den Putter nur mit einem Arm.
Wenn Sie am Tag vor dem Turnier nicht auf die Golfanlage kommen können, spielen Sie etwas Golf in Ihrem Garten. Es gibt einige interessante, wenig Platz beanspruchende Garten-Golf-Geräte wie das Chipping-Netz, das Sie schnell aufbauen können, um Ihr kurzes Spiel zu trainieren oder den Ziel-Chipper, der nach dem Prinzip der Dart-Scheibe funktioniert: Sie chippen den Ball auf die Zielkreise. Ein Minicomputer addiert die erzielten Punkte.
Ihren Abschlag üben Sie mit der Mini-Driving-Range, einem Netz für Wohnzimmer und Garten. Und wenn Sie noch nicht einmal Zeit finden, in den Garten zu gehen, um sich auf den morgigen Tag einzuspielen, dann setzen Sie das Büro-Golf-Set auf dem Putting-Teppich ein. Sie können sich auch mit dem Schreibtisch-Zen-Golf-Set, bei dem man nur kurz zielen und einlochen kann, dem Brettspiel Golf Masters mit variablen Bahnen oder dem Computergolfspiel auf die morgige Runde einstimmen.
Nicht zu fett und nicht zu viel, lautet die richtige Ernährungsdevise auch kurz vor dem Turnierstart, damit es Ihnen nicht ergeht wie dem Turniergolfer, der immer, wenn er aufgeregt ist, essen muss und sich deshalb vor dem Turnier im Clubrestaurant Eier mit Speck und eine eiskalte Cola auftischen ließ. Sein Leidensweg begann dann auf Bahn sechs mit ersten Anzeichen von Übelkeit. Turnierergebnis: 7. und 8. Loch

Erstellen Sie Ihren individuellen Trainingsplan.

gestrichen. 9. Loch übergeben und schließlich am 10. Loch bei 35 Grad Hitze aufgegeben. Essen Sie lieber öfter wenig als selten zu viel. Zwischenmahlzeiten wie Müsliriegel und viel Wasser sorgen dafür, dass Sie Ihre Energiereserven immer wieder aufladen.

Aktuelle Turnierinformationen

Erkundigen sich so früh wie möglich am Tag vor dem Turnier über die Startzeit, sofern Sie die Daten nicht unaufgefordert per E-Mail, SMS oder über Anruf erfahren. Die meisten Golfclubs veröffentlichen die Startlisten nicht nur per Aushang im Clubhaus, sondern auch im Internet. Je nachdem zu welcher Tageszeit Sie antreten dürfen, planen Sie Ihren Turniertag am Tag zuvor. Schlagen Sie nicht gleich morgens ab, überlegen Sie, wie Sie die Zeit vor dem Turnier so ausfüllen, dass weder Hektik noch Ärger Ihre Rundenbegleiter sein werden. Findet das Turnier unter der Woche am Nachmittag statt, sollten Sie vorher nicht noch ins Büro gehen oder zu Hause arbeiten. Gelingt es Ihnen nicht rechtzeitig abzuschalten (auch Ihr Handy) und auf das Turnierspiel umzuschalten, besteht die Gefahr, dass Sie nur schwer über die Runden kommen, Startschwierigkeiten haben und das Gefühl für Ihr Spiel vielleicht erst gegen Ende des Turniers aufkommt.

Der Turniertag beginnt für den Turniergolfer bereits nachdem er die Startzeit kennt. Von jetzt an tickt Ihre innere Spieluhr. Erkundigen Sie sich beim Kanonenstart, an welchem Loch Sie beginnen, um sich mental darauf einzustellen, umzudenken und den Spielablauf oder eventuell die Strategie entsprechend anzupassen. Wenn Sie die Turnierliste einsehen können, werfen Sie auch einen Blick auf die Spielergruppe hinter Ihnen und vor Ihnen. Je nach Spielstärke der einzelnen Spieler bzw. Flights könnte Druck von hinten und von vorne auf Ihre Spielergruppe ausgeübt werden.

Checkbox

1. Meistens besteht ein Flight im Turnier aus drei Spielern, bei einer hohen Teilnehmerzahl können es auch Vierer-Flights sein, die unterwegs sind.
2. Informieren Sie sich über die Spielstärke Ihrer Flightpartner.
   Führen Sie den Flight mit der niedrigsten Spielstärke an und haben Sie die Ehre mit Ihrem ersten Schlag am ersten Abschlag oder haben Ihre Mitbewerber bessere Handicaps und Sie sind der Letzte, der nach allen anderen abschlägt? Dies sind wichtige Angaben für Ihr Golfspiel im Kopf.
3. Spielt ein Golfanfänger mit, der noch turnierunerfahren ist? Spielen Sie mit sehr guten Golfern, die ein einstelliges Handicap haben?
4. Ist es ein Frauen- bzw. Männer- oder gemischter Flight?
5. Sind Sie die einzige Frau im Flight und haben damit immer als letzte Spielerin die Ehre?
6. Sind Sie der einzige Mann im Flight?
7. Was kann im Verlauf des Spiels je nach Zusammensetzung des Flights auf Sie zukommen?

Machen Sie sich ein Bild von Ihrem Turnierort.

Wenn Sie Ihre Mitspieler bereits aus früheren Spielen kennen und Sie keine guten Erinnerungen mit Ihnen verbinden, spielen Sie in Gedanken durch, was sich störend auf das Zusammenspiel auswirken könnte und wie Sie damit fertig werden können. Ermitteln Sie nicht in Ihrem Golfbekanntenkreis, um etwas über Ihre Mitspieler zu erfahren. Das ist nicht nur stillos, sondern auch sehr gefährlich, je nachdem welche Informationen Sie erhalten, wie Sie diese interpretieren, welche Schlüsse Sie daraus vielleicht voreilig ziehen. Bilden Sie sich Ihre eigene Meinung über den Charakter Ihres Turnier-Mitspielers oder Gegners und die Art wie er spielt.
Das trifft auch auf den Charakter des Platzes zu. Fragen Sie weder den Clubmanager noch die Clubmitglieder nach den schwersten Löchern und lassen Sie sich auch keine gut gemeinten Ratschläge oder Tipps geben, wie man die gefährlichsten, gemeinsten und hinterhältigsten Löcher bezwingt. Ihnen

Tipp

Gehen Sie zwei Tage vor dem Turnier etwas später als sonst zu Bett, damit Sie in der Nacht vor dem Turnier Schlaf nachzuholen haben.

Tipps

1 **Sie ziehen Ihre Strategie durch bis zum 18. Loch, selbst wenn es nicht immer gleich gut läuft.**

2 **Sie lassen sich vor dem Turnier nicht verwirren und aus dem Konzept bringen.**

werden im ungünstigsten Fall 18 schwere Löcher beschrieben, ein Loch kritischer als das andere. Ihr Anekdotenschatz wird die gesamte Palette der Literaturgattungen vom Golfkrimi über Golfdrama bis Golfmärchen umspannen. Gehen Sie unbelastet und ohne Vorurteile auf die Runde. Sie haben Ihre Strategie und von ihr lassen Sie sich auch nicht durch andere abbringen.

Zehn Verhaltensregeln

1. Machen Sie sich bewusst, was Ihnen die Teilnahme am Turnier bringt.
2. Denken Sie über den Spielverlauf nach.
3. Richten Sie Ihre Sinne nur auf Ihre Strategie.
4. Formulieren Sie Ihr Etappenziel und sagen Sie es sich mehrmals laut vor.
5. Denken Sie daran, dass alles nur ein Spiel ist und Sie sich oder anderen nichts beweisen müssen.
6. Richten Sie Ihre Golftasche nach der Checkliste und erkundigen Sie sich nach den Wetteraussichten.
7. Freuen Sie sich auf den morgigen Tag, den Sie nur Ihrem Turnier widmen. Genießen Sie die Vorfreude, alte Bekannte zu treffen und neue Kontakte zu knüpfen.
8. Verwöhnen Sie sich.
9. Hören Sie im inneren Ohr den Klang eines gut getroffenen Balles.
10. Denken Sie an gute Spiele und schöne Erfolge zurück.

Die Stunde vor dem Turnierstart

Haben Sie bereits einen Tag vor dem Turnier in Ihrer Golftasche zu Hause oder im Caddieraum alles, was Sie auf der Runde brauchen können, gut verstaut, ohne lange suchen zu müssen, und überprüft, dass Sie nichts vergessen haben, genügt es am Turniertag, eine Stunde vor dem Start mit den Vorbereitungen auf dem Golfplatz zu beginnen. Müssen Sie sich jedoch noch um Ihre Ausrüstung kümmern, dann sollten Sie ca. 90 Minuten vor dem Beginn Ihres Turnierspieles auf dem Golfplatz erscheinen. Auf der Fahrt zur Golfanlage stimmen Sie sich mit Ihrer Lieblingsmusik ein und steigern die Vorfreude, in dem Sie sich immer wieder vorstellen, wie

Die Driving Range ist am Tag des Turniers eine Aufwärmstation und kein Trainingsfeld.

Sie sich über die herrlich grünen Fairways in Zeitlupe bewegen.
Wie bei der Vorbereitung des Schlages entwickeln Sie auch für die kurze Zeit vor dem Start die Ihrem Wesen entsprechende eigene Routine, erledigen die notwendigen Dinge vor einem Turnierspiel immer in der gleichen Reihenfolge: Sie ziehen zum Beispiel stets zuerst Ihre Golfschuhe auf dem Parkplatz oder im Caddieraum an, bevor Sie die Formalitäten im Clubsekretariat erledigen. Sie bezahlen zuerst das Startgeld und holen Ihre Scorekarte, bevor Sie auf die Übungsanlagen gehen. Sie beginnen zum Beispiel immer mit dem Putten und gehen dann erst auf die Driving Range usw. Sie sollten jedoch auf jeden Fall alle Übungsanlagen vom Putting- über Chipping- und Pitching-Green bis zur Driving Range aufsuchen. Wo Sie anfangen, entscheiden Sie selbst, aber wenn Sie sich einmal für eine bestimmte Reihenfolge entschieden haben, ändern Sie daran nichts mehr, auch wenn Sie dadurch eventuell die Gelegenheit verpassen, sich mit Ihrem alten Golffreund, den Sie zufällig auf der Anlage treffen, gemeinsam auf das Turnier vorzubereiten, weil dieser erst auf die Driving Range geht, während auf Ihrem Programm an erster Stelle das Putting-Green steht. Unterhalten sollten Sie sich auf den Übungsanlagen sowieso nicht. Sie könnten dabei andere Spieler und sich selbst in der Konzentration stören.
Von den 60 Minuten vor dem Turnierstart entfallen: ca.15 Minuten auf die Erledigung sämtlicher Formalitäten: wie zum Beispiel

Startgebühr bezahlen, Scorekarte holen und Token für den Ballautomaten auf der Driving Range besorgen, Startzeit vergleichen, sich über Platzregeln und Fahnenposition sowie über Entfernungskriterien (bei Entfernungsmarkierungen, die zum Anfang und nicht zur Mitte des Grüns gemessen werden, können gute Spieler exakt die Distanz zur Fahne bestimmen) erkundigen. Im Anschluss daran üben Sie ca. 35 Minuten lang und zehn Minuten reservieren Sie für die Zeit am ersten Abschlag bis zum Start.

Aufwärmstationen

Beginnen Sie mit den Bewegungsabläufen, die Ihnen am besten gefallen. Ist Putten Ihre Lieblingsbeschäftigung, gehen Sie vor jedem Turnier zuerst auf das Putting-Green. Schlagen Sie gern mit Ihrem Lieblingsschläger, dem Driver oder irgendeinem Eisen, dann eröffnen Sie Ihre Vorbereitungsphase immer auf der Driving Range. Bevor Sie jedoch damit beginnen, irgendeinen Schlag auszuführen, ob langer oder kurzer Schlag, bereiten Sie Ihren Körper darauf vor, wärmen sich vorher auf und dehnen Ihre Muskeln.

Wenn Sie gern putten, beginnen Sie sich mit Putten aufzuwärmen.

Fragen Sie Ihren Arzt oder Masseur, wie Sie Ihren Körper auf das Golfspiel einstimmen, ohne anfällige Körperpartien zu schädigen bzw. Ihre Gesundheit zu gefährden.

Putting-Green

Knapp zehn Minuten verbringen Sie auf dem Putting-Green, um lange und kurze Putts zu spielen, vom Vorgrün aus mit dem Putter zu agieren, bergauf- und bergab zu putten. Sind die Putt-Löcher mit Zahlen versehen, machen Sie es sich zur Gewohnheit, entweder alle Löcher mit ungeraden oder alle mit geraden Zahlen hintereinander zu spielen. Diese Übung soll Ihnen dazu verhelfen, ein Gefühl für die Schnelligkeit des Grüns zu bekommen. Ziehen Sie aus Ihrer Putt-Leistung auf dem Übungs-Grün – ob gut oder schlecht eingelocht, wenige oder viele Putts – keinen falschen Schluss. Leiten Sie davon nicht Ihre Leistung auf dem Grün während des Turniers ab. Wenn Sie auf der Übungsanlage nicht gut putten, bedeutet das noch lange nicht, dass Sie auch auf dem Golfplatz schlecht putten und umgekehrt verhält es sich natürlich genauso. Analysieren Sie nicht Ihre Übungs-Putts, dazu ist jetzt nicht der richtige Zeitpunkt.

Pitching- und Chipping-Green

Rund zehn Minuten widmen Sie dem kurzen Spiel. Sie pitchen zehn Bälle, spielen die jeweiligen Fahnenpositionen an: aus kurzer bzw. größerer Entfernung über den Hügel und den Bunker, damit Sie das Gefühl für den Schläger bekommen. Sie chippen zehn Bälle, greifen die unterschiedlichen Übungslöcher aus der Nähe und aus der Ferne an, um zu sehen, wie weit und wie schnell der Ball ausrollt. Dann steigen Sie mit dem

Wenn Sie gern chippen, beginnen Sie sich mit Chippen aufzuwärmen.

Sand-Wedge in den Bunker, um fünf Bälle zu spielen, die tief eingegraben, in der Mitte der Sandfläche und unterhalb der Bunkerkante liegen. Sie beurteilen oder kommentieren Ihre Schläge nicht. Denken Sie immer daran, dass Sie jetzt hier sind, um sich aufzuwärmen und einzuschwingen und nicht, um an Ihrer Chip- und Pitch-Schlagfertigkeit zu arbeiten.

Driving Range

Sie spielen ca. zehn Minuten alle Schläger – von den Eisen bis zu den Hölzern –, die Sie mit auf die Turnierrunde nehmen. Mit welchem Schläger Sie anfangen, bestimmen Sie.

Sie sollten das Gefühl für den Schläger und den Schlag bekommen.

Vielleicht mit dem Lieblingsschläger oder mit dem Schläger, den Sie nicht besonders gern in die Hand nehmen? Gehen Sie auch hier mit System vor: Schlagen Sie zunächst mit allen geraden, dann mit allen ungeraden Eisen jeweils fünf Bälle, mit den Hölzern und dem Driver jeweils drei Bälle. Während Sie die Bälle ins Feld schlagen, denken Sie wenige Minuten vor dem Spiel nicht daran, wie weit Sie mit dem jeweiligen Schläger kommen bzw. ob Sie Ihre durchschnittliche Reichweite erlangen. Die Driving Range ist jetzt nicht Ihr Ort, um Ihre Schlagtechnik zu trainieren, sondern um Ihre Glieder an die Schläger und Ihren Körper an die Bewegungen zu gewöhnen und ihn zusammen mit dem Kopf auf das vier- bis fünfstündige Turnierspiel einzustellen.

Was raten die Pros?

»Wenn ich mich vor einer Wettspielrunde aufwärme, mache ich das, was auch Ben Hogan stets bevorzugt hat: Das Üben des schwersten Schlages oder der Schläge, von denen ich glaube, sie später auf dem Platz machen zu müssen«, so der US-Profi Tom Watson.

»Viele Spieler schlagen – angefangen beim Wedge – drei oder vier Bälle mit jedem geraden oder ungeraden Eisen, danach Holz drei und schließlich den Driver. Ich würde Ihnen zusätzlich empfehlen, circa zehn Bälle mit dem Driver zu schlagen und dann ans kurze Spiel zu gehen«, erläutert der an der David Leadbetter Academy in Florida unterrichtende englische Coach Jonathan Yarwood, der unter anderem auch Alex Cejka trainiert. Er weiß auch, dass viele Tourspieler ihre Turniervorbereitung mit Putten beginnen und sie mit kurzen Putts beenden, um mit einem positiven Gefühl vom Grün zu gehen. »Michael Campbell locht beispielsweise immer noch drei kurze Putts, bevor er ans erste Tee geht«.

Tiger Woods wählt als letzten Schläger der Einschwingphase den ersten Schläger für den Abschlag am 1. Loch, der ihm dann vertraut ist und mit dem es ihm schneller gelingt, den Rhythmus zu finden.

Was Ihnen die Pros auch raten, so wie es für alle Golfer nicht nur den einen wahren Golfschwung und die einzig richtige Schlagtechnik gibt, wird Ihnen auch kein Coach mit absoluter Sicherheit sagen können, wie die optimale Vorbereitung speziell für Sie aussieht. Er kann Ihnen Tipps und Ratschläge geben, aber letztendlich müssen Sie sich damit identifizieren können. Was jedoch alle Pros wissen und konsequent verfolgen – unabhängig von der Reihenfolge der Aufwärmstationen – das ist die positive Einstimmung auf die Turnierrunde und die Auslösung guter Gefühle für das Turnierspiel. Dies gelingt jedem Golfer auf eine andere Art. Finden Sie heraus, wie Sie sich am besten und wirkungsvollsten auf Turniergolf einstimmen.

Wenige Minuten vor dem ersten Schlag

Stellen Sie sich zehn Minuten vor Ihrer Startzeit so in die Nähe des ersten Abschlages, dass Sie die vor Ihrem Flight abschlagenden Spieler nicht stören, aber das Turniergeschehen gut beobachten können. Dabei versuchen Sie, die nötige Ruhe und erforderliche Gelassenheit zu finden. Freuen Sie sich auf das Turniergolf, auf die nächsten Stunden, in

Gehen Sie mit einer positiven Einstellung auf die Runde.

denen Sie all das anwenden können, was Sie geübt haben, Sie neue Golfer kennen lernen und zusammen Spaß haben werden.
Seien Sie kontaktfreudig, grüßen Sie die Menschen, die Ihnen begegnen. Lassen Sie sich nicht von der leider immer öfter zu beobachtenden Unfreundlichkeit mancher Spieler anstecken, die mit gesenktem Kopf oder Nase nach oben an anderen vorbeistolzieren. Sprechen Sie andere Spieler höflich, aber unaufdringlich an, wann sie abspielen. Wünschen Sie den Spielern, die zum Abschlag laufen viel Spaß und Erfolg.
Spreizen Sie Ihre Finger, um tief in den Bauchraum, nicht in den Brustkorb durchatmen zu können und ruhig zu werden.

Checkbox

1 Nehmen Sie so früh wie möglich mit Ihren Flightpartnern Kontakt auf, um sich mit Vor- und Zunamen vorzustellen und etwas Smalltalk zu betreiben.

2 Stimmen Sie sich so auf das Zusammenspiel ein.

3 Beginnen Sie mit der Tauschaktion der Scorekarten, indem Sie entweder dem von der Spielleitung bestimmten Zähler Ihre Scorekarte geben und im Gegenzug vom dritten Spieler seine Turnierkarte verlangen oder nach dem Zufallsprinzip reihum die Turnierunterlagen weitergeben.

4 Nennen Sie den Markennamen und die Nummer Ihres Spielballs (»Ich spiele einen Top Flite 3«) sowie Ihres Ersatzballes (»Als Ersatzball spiele ich einen Titleist 1«) und animieren Sie Ihre Mitspieler, ihre Bälle auch jeweils korrekt vorzustellen, um Verwechslungen und Reibereien bereits im Vorfeld auszuschließen.

Atmen Sie langsam aus und langsam wieder ein. Halten Sie kurz die Luft an und atmen Sie wieder aus. Wiederholen Sie diesen Vorgang sechs Mal und Ihr Puls wird langsamer. Klopfen Sie leicht und gleichmäßig auf Ihre Schenkel, reiben Sie jetzt Ihre Arme von oben nach unten, um die Energie in Ihrem Körper fließen zu lassen. Die dadurch aufsteigende Wärme löst ein Wohlgefühl aus. Wecken Sie den Tiger in sich und beginnen Sie nun, sich auf Ihr Abspiel vorzubereiten.

Eröffnungsschlag

Es ist kein Golfmärchen, dass sich sogar noch mancher erfahrene und langjährige Golfer vor dem ersten Schlag im Turnier fürchtet. Der Eröffnungsschlag des Turnierspiels findet häufig unter anderen Bedingungen statt als ein Abschlag an den folgenden Bahnen. Er muss meistens vor den Blicken vieler Mitspieler ausgeführt werden, was einigen Spielern unangenehm ist. Am ersten Abschlag ist es auch lauter als auf den anderen Tees. Darüber hinaus setzen sich viele Golfer beim ersten Schlag unter Druck, leiten hektisch den Schwung ein, um möglichst schnell und vor allem weit vom ersten Abschlag weg zu kommen. In einem Golferforum wurde einem Spieler, der über sein Versagen am ersten Abschlag klagte, empfohlen, er solle sich wegen einer Therapie an einen Sportpsychologen oder an einen Hypnotiseur wenden. Sie brauchen keinen von beiden zu konsultieren. Sie kommen sicherlich selbst hinter das Geheimnis des mysteriösen Abschlagssyndroms.

Die Fragen der Checkbox wurden einer Golferin mit Clubvorgabe 45 gestellt, die schon seit sieben Jahren Turniere spielt, jedoch nichts im Handicap-Bereich bewegt, und einem Golfer, der sich innerhalb von zwei Jahren systematisch von der Vorgabe 45 über Handicap 36 auf Handicap 22 heruntergespielt hat.

Fürchten Sie sich nicht vor dem Eröffnungsschlag, sondern freuen Sie sich auf das bevorstehende Turnierspiel.

Checkbox

Hören Sie in sich hinein und beobachten Sie sich selbst, wie Sie am ersten Abschlag stehen. Fragen Sie sich:

1 Was denke ich wenige Minuten vor dem ersten Turnierschlag?

2 Was empfinde ich auf dem ersten Abschlag?

3 Was verrät mein Mienenspiel?

4 Wie reagiert mein Körper?

5 Was stört mich auf dem ersten Abschlag?

6 Was genau tue ich auf dem Abschlag?

Mit jeder Antwort auf die jeweilige Frage kommen Sie sich, dem Geheimnis und der Lösung näher. Sie haben soeben Ihre Schwachstellen aufgedeckt.

Die Antworten der Golferin (Clubvorgabe 45)

1. Wenige Minuten vor dem ersten Turnierschlag denke ich daran, dass ich es dieses Mal endlich schaffen muss, ein richtiges Handicap* zu erreichen, um mich nicht wieder zu blamieren.
2. Auf dem ersten Abschlag fühle ich mich wie auf einem Präsentierteller.
3. Ich glaube, ich habe einen ziemlich harten Gesichtsausdruck.
4. Meine Hände beginnen zu zittern, meine Knie sind aus Schaumgummi und der Schläger fühlt sich wie eine Keule an.
5. Auf dem ersten Abschlag stört mich, dass ich meistens als Letzte abschlagen muss.
6. Ich setze meinen Ball auf das Tee, nehme meine Standposition ein, schlage und hoffe, dass ich keinen Luftschlag fabriziere.

*Die Befragte versteht unter einem richtigen Handicap mindestens die Vorgabe 36.

Die Antworten des Golfers (Handicap 22)

1. Wenige Minuten vor dem ersten Turnierschlag denke ich an ein schönes Spiel.
2. Auf dem ersten Abschlag fühle ich Anspannung.
3. Mein Mienenspiel wird wohl verraten, dass ich ganz kurz die Augen zukneife, wenn ich in Richtung Ziel schaue.
4. Mein Körper ist angespannt wie eine Feder.
5. Auf dem ersten Abschlag sehe ich nur mich, meinen Ball und die Bahn vor mir.
6. Ich ziehe mir zuerst den Handschuh an, dann suche ich eine Stelle zum Aufteen meines Balles. Ich verlasse den Abschlag, um zwei Probeschwünge außerhalb der Abschlagsfläche zu machen, komme danach wieder zurück und positioniere mich, stelle mir vor, wie eine Feder aufgezogen wird und sich wieder entspannt.

Und wie sehen Ihre Antworten aus? Ähneln Sie eher den Antworten der Golferin oder des Golfers oder haben Sie bei beiden etwas Passendes gefunden? Die Golferin bezieht sich in ihren Antworten durchweg auf das Umfeld, während sich der Golfer sachorientiert und dadurch auch zielorientiert verhält. Als die Golferin mit den Antworten des Golfers konfrontiert wurde, meinte sie: »Ich bin eben kein Turniergolfer.« Dieser Schluss der Golferin ist falsch. Richtig müsste es lauten: »Ich verhalte mich nicht wie ein erfolgreicher Turniergolfer«, der mit dem Tunnelblick antritt und nach vorne auf das Spielfeld anstatt auf das Spielumfeld schaut.

Proberunden unter Turnierbedingungen

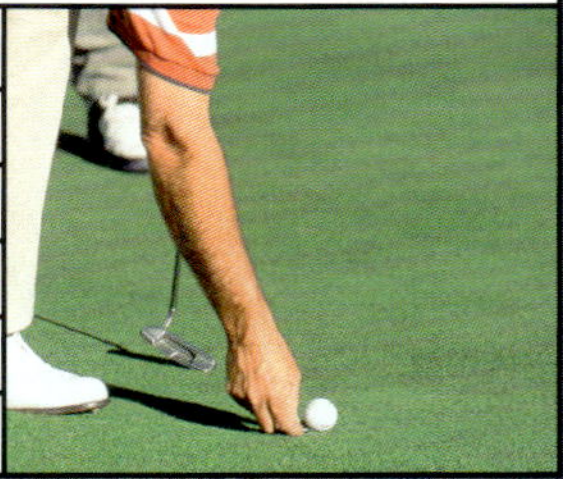

Übungen für den Einzel- und Flightspieler

»Das alte Sprichwort »Übung macht den Meister« gilt im Golf nur dann, wenn Sie dabei stets ein festes Ziel im Auge haben. … Man muss sich also schon die Mühe machen, das Üben zeitlich und technisch so einzuteilen, dass es wirklich all dem zugute kommt, was später auf der Runde über einen guten oder schlechten Score entscheidet«, vermittelt Golfpro David Leadbetter seinen Schülern. Dem Verhalten mancher Golfspieler auf der Driving Range nach beurteilt, könnte man den Eindruck bekommen, es ginge im Golfspiel nicht darum, die Schlagzahl möglich niedrig zu halten, sondern sie möglichst hoch anzusetzen. Diesen Eindruck hatte offensichtlich auch ein kleiner Junge, der bei der Besichtigung der Driving Range mit der Klasse, seiner Lehrerin, nachdem er einigen Spielern zugesehen hatte, die Frage stellte: »Geht es im Golfspiel darum, wie viel Bälle man innerhalb kurzer Zeit mit vielen Schlägern trifft?« Wahllos werden auf der Driving Range Schläger aus der Tasche gezogen und ziellos damit die Bälle bearbeitet. Körbeweise werden Bälle in die Gegend geschossen. Die alles entscheidenden Elemente des Turniergolfs: Ziele und Strategie, mit denen sich der Turniergolfer auf den Übungsanlagen genauso wie auf dem Golfplatz auseinander setzen sollte, werden außer Acht gelassen. Auf der privaten Runde dann das gleiche Bild. Es werden Runden gedreht, bis

Genießen Sie das Spiel auf einer herrlichen Spielfläche.

Beispiel eines Übungsplans für den Monat Mai:				
Runde	Pre-Shot-Routine	Kurzes Spiel	Langes Spiel	Putt
1. allein	x			
2. mit Partner		x		
3. allein		x		
4. allein			x	
5. mit Partnern				x
6. mit Partner			x	
7. allein	x			

dem Spieler fast schwindelig wird, aber mit welchem Effekt?
Der Spaß auf Ihrer Golfrunde bleibt keineswegs auf der Strecke, wenn Sie sich ein Übungsziel setzen. Im Gegenteil, durch die Fortschritte, die Sie innerhalb kurzer Zeit im Spiel machen, werden Sie sich von Spiel zu Spiel mehr freuen und sich selbst motivieren. Sie sind ausgeglichener und rundum zufrieden.
Pro Golfrunde setzen Sie sich ein Übungsziel. Im obigen Beispiel hat sich der Golfer bei der ersten Runde im Mai, die er allein spielt, vorgenommen, sich auf die Routine vor jedem Schlag zu konzentrieren.
Der eine Golfer, der noch keine Routine hat, nutzt die Übungsrunde, um verschiedene Möglichkeiten auszuprobieren, der andere, der ab und zu schon routiniert vorgeht, übt, seine Methode immer und konsequent anzuwenden.
Auf der zweiten und dritten Golfrunde, allein und mit dem Partner unterwegs, richtet er sein Augenmerk schwerpunktmäßig auf sein kurzes Spiel usw.

Buchführung
Für die Proberunde wird die Scorekarte umfunktioniert. Kleben Sie auf die Rückseite der Scorekarte ein Blatt, auf dem Sie pro Bahn die Treffpunkte aufschreiben: Fairway, Rough, Bunker, Wasser, Grün, zum Beispiel:
Loch 1: 2 x Fairway, 1 x Rough, 2 x Bunker, 3 Putts
Loch 2: 0 x Fairway, 1 x Semirough , 2 x Rough, 1 x Wasser, 1 x Vorgrün, 1 Putt.
Noch exakter können Sie mit dieser Tabelle (siehe Seite 94) vorgehen, in der Sie zusätzlich noch notieren, ob bzw. wo Sie Fairway/ Bunker (B)/ Wasser (W)/Semirough (S)/ Rough (R) oder Vorgrün getroffen haben: mittig (m), links (l) oder rechts (r) bzw. Bunkerkante (Bka), Bunkermitte (Bm) bzw. wie lang (la) bzw. wie kurz (ku) die einzelnen Putts waren. Je nachdem wie die Bilanz dieser Proberunde ausfällt, wird der Übungsplan entsprechend umgestellt: Zu viele Schläge beim kurzen Spiel bedeutet für Sie, zum Beispiel Ihren Übungsplan so zu gestalten, dass Sie sich auf das kurze Spiel bei der nächsten Proberunde konzentrieren.

	Fairway	Bunker/Wasser	Semi/Rough	Vorgrün	Grün
Loch 1	1m/1r	1Bm/1Bka	1R	0	1la/2ku
Loch 2	0	1W	1S/2R	1 Chip	1 ku
Loch 3	2m	0	0	1 Pitch	1la/1ku
Loch 4	1r/1m	1Bm	1S	1 Putt	1ku
Loch 5					
Loch 6					
Loch 7					
Loch 8					
Loch 9					
Loch 10					
Loch 11					
Loch 12					
Loch 13					
Loch 14					
Loch 15					
Loch 16					
Loch 17					
Loch 18					

Für das Üben des kurzen Spiels hat der Hermann-Mezger-Verlag sich etwas ganz Besonderes einfallen lassen: eine spezielle Scorekarte für das Kurzspielhandicap auf dem Kurzplatz oder der Driving Range und den Übungsanlagen. Trainiert werden Chippen, Pitchen, Putten, Bunker- und Roughschläge, Steilhang bergauf und bergab. Der Erfinder dieser Karte verspricht, dass diese Art zu trainieren zur Verbesserung des Handicaps führen wird. Das gespielte Ergebnis können Sie mit Ihrem regulären Handicap vergleichen. Diese Scorekarte für das kurze Spiel sollten Sie sich unbedingt unter: www.hermann-mezger-verlag.de kostenlos herunterladen.

Augen zu, Ohren auf

Zur Schulung der Sinne und Steigerung der Konzentration schlagen Sie als Einzelspieler auf einer bestimmten Proberunde unterwegs ab und zu mit geschlossenen Augen den Ball, nachdem Sie sich ausgerichtet haben. Fühlen Sie bewusst, ohne Ablenkung Ihrer Sinne, wie sich Ihre Körperteile verhalten. Was bewegt sich alles an Ihnen und wie? Öffnen Sie die Augen erst wieder, wenn Sie den Aufschlag Ihres Balles hören. Sie werden über das Ergebnis angenehm überrascht sein. Sie haben den Ball bestimmt nicht mehr verzogen als sonst, eher weniger, weil Sie vielleicht Ihren Kopf nicht zu früh gehoben haben. Sie werden auch Ihren Ball nicht länger suchen müssen als sonst. Mit der Zeit werden Sie sogar feststellen, dass Ihre Bälle gerade fliegen. Durch das Schließen der Augen kommt automatisch Ruhe in Ihre Schwungbewegung. Sie bekommen von Loch zu Loch mehr Gefühl für Ihren Schwung, Ihren Schlag nach dem Ball und Sie können exakter beschreiben, wo Ihr Ball gelandet ist. Nach einer kurzen Gewöhnungszeit werden Sie im Einklang mit Ihrem inneren Rhythmus und der Natur sein.

Fühlen Sie, wie sich Ihre Körperteile beim Schwung verhalten.

Tempo, Tempo

Spielen Sie Speedgolf, wenn Sie morgens früh allein golfen oder an Tagen, an denen nicht viele Golfer auf dem Platz sind, die Sie sonst überrollen müssten, um Ihre Schnelligkeit zu trainieren. Wenn Speedgolf auf dem 18-Loch-Platz nicht möglich ist, können Sie auch auf den Kurzplatz ausweichen.
Sie haben die Stoppuhr eingeschaltet. Dann können Sie loslaufen. Bei der Vorbereitung und Durchführung Ihres Schwunges behalten Sie die nötige Ruhe und ändern nichts an der Geschwindigkeit. Auch Ihre Pre-Shot-

Tipp

Durch das Ausschalten Ihres optischen Sinnes werden Ihre Wahrnehmungskanäle Hör- und Tastsinn sensibilisiert.

Routine beschleunigen Sie nicht. Nur zwischen den Schlägen wird das Tempo erhöht.
Sie kommen zwar als Speedgolf-Anfänger schnell aus der Puste, aber Sie sind entspannter beim Schlagen nach dem Ball.
Wie es sich für ein Spiel unter Turnierbedingungen gehört, ermitteln Sie auch Ihr Speedgolf-Ergebnis nach Beenden des 18. Loches: Sie addieren die gelaufene Zeit, die Ihre Stoppuhr anzeigt, zu Ihren Schlägen hinzu. Die Devise lautet: Zeit ist Golf.
Brauchen Sie zu viele Schläge, müssen Sie schneller laufen, um Ihr Ergebnis nicht doppelt zu belasten.

Checkbox

1 Sie laufen vom Abschlag, vom Grün, packen ganz schnell Ihren Schläger weg, sputen sich, Ihren Ball zu erreichen.

2 Sie spielen immer nach den Regeln und zählen jeden Schlag.

3 Sie lassen weder ein Loch aus noch schlagen Sie sich quer über den Golfplatz durch.

4 Sie spielen klassisches Golf im schnellen Stil.

5 Sie sind immer auf dem Sprung, denken nicht lange auf dem Weg zu Ihrem Ball und zum nächsten Schlag über die unglückliche Lage Ihres Balles nach, haben weniger Zeit mit Ihrem Schicksal, den Ball aus dem Bunker zu schlagen, zu hadern.

6 Sie trainieren sowohl Ihre Kondition als auch Ihre Konzentration.

Sie werden angespornt, sich voll auf den Golfschwung zu konzentrieren und Ihr Bestes zu schwingen, wollen Sie sich nicht die Seele aus dem Leib rennen. Eine pädagogische Meisterleistung, finden Sie nicht auch? Vielleicht haben Sie beim ersten Speedgolf-Lauf bereits Ihre reguläre Spielzeit halbiert. Wenn Ihnen diese moderne Art des Golfens Spaß macht und Sie der Überzeugung sind, Sie sind ein guter Speedgolfer, dann sind Sie auch reif für Speedgolf-Turniere, die mittlerweile auf einigen Golfanlagen ausgetragen werden.

Hindernislauf

Die Angst vor etwas verliert man nicht, indem man das Objekt der Furcht meidet, sondern sich mit ihm beschäftigt. Um sich frei zu spielen von Bunker-, Wasser- und Rough-Ängsten, schlagen Sie auf einer Ihrer Proberunden, die Sie allein spielen, Ihren Ball absichtlich in einige Hindernisse. Ihr Ziel ist es, das jeweilige Hindernis strategisch gut und spielerisch souverän zu bezwingen. Um Ihre Zielsicherheit zu trainieren, orientieren Sie sich genau an den Entfernungsmarkierungen des Platzes. Golfanlagenbetreiber sind nicht verpflichtet, Entfernungsmarkierungen anzubringen. Von Platz zu Platz ist die Art der Markierung unterschiedlich: Entfernungen zum Grünanfang werden entweder durch Pfosten am Rand des Fairways und/oder durch Markierungspunkte auf dem Fairway oder auch auf den Sprinklerdeckeln angegeben. Entfernungsangaben auf dem grünen, schwarzen oder braunen Pfosten am Rand bedeuten:
1 Ring am oberen Ende = 100 Meter, 2 Ringe = 150 Meter, 3 Ringe = 200 Meter. Markierungspunkte auf dem Fairway: Weiß = 100 Meter, Rot = 150 Meter, Gelb = 200 Meter.

Verlieren Sie die Angst vor äußeren Hindernissen und inneren Hemmnissen.

Geduldsprobe

Auf den Bahnen der Golfplätze kommt es zu bestimmten Hauptspielzeiten wie sonn- und feiertags besonders zwischen 10.00 Uhr und 14.00 Uhr zu Staus. Statt diese Staus weiträumig zu umspielen und zu besonders ruhigen Zeiten abzuschlagen, sollten Sie sich auch im Warten üben und ab und zu im Viererflight hinter Viererflights golfen, weil Ihnen genau das bei dem einen oder anderen Turnier passieren kann. Wenn Sie immer unter Reinraumbedingungen Golf spielen, zu Zeiten, wo nur Sie, ein paar Hasen und der Greenkeeper sich um die Löcher kümmern, müssen Sie sich nicht wundern, trotz einwandfreier Schwung- und Schlagtechnik, sehr guter Kondition und optimaler Vorbereitung, beim Wettspiel kein gutes Turnierergebnis zu erzielen. Ihr Geduldsfaden wird während Ihrer privaten Golfaktivitäten nie strapaziert und überdehnt. Dass er dann jedoch bei extremer Belastung im Turnier reißt, ist vorauszusehen.

Golf ist vor allem deshalb so unberechenbar und stellt die Geduld bzw. Ausdauer seiner Spieler ständig auf die Probe, weil das räumliche Missverhältnis zwischen Spielfeld, Spielball und Ziel enorm groß ist. Auf einer Fläche von über 40 Hektar befördert der Golfer einen circa 42 Millimeter kleinen und rund 45 Gramm schweren Ball über 18 Löcher unterschiedlich langer Spielbahnen mit mehr oder weniger schweren Hindernissen in ein winziges Loch mit einem Durchmesser von 108 Millimetern und einer Tiefe von 100 Millimetern. Auch zwischen Turnierdauer und Spielzeit des Golfers besteht eine stören-

Tipp

Gehen Sie nächsten Sonntag, wenn das Wetter besonders schön ist, unangemeldet auf die Golfanlage, schauen Sie auf die Liste der Abschlagszeiten und ergattern Sie den letzten Platz im Viererflight, der spät nachmittags startet und der mit Sicherheit Aufenthalt an jedem Abschlag oder zwischen jedem Schlag hat.

de Ungleichheit wie sie bei keiner anderen Sportart zu finden ist: Das Turnier dauert in den meisten Fällen zwischen vier und sechs Stunden. Dieser langen Zeit steht die jeweils wenige Sekunden dauernde sportliche Leistung des Golfers, die für den Wettkampf entscheidend ist, gegenüber. Mehr Zeit als mit Schwingen, Schlagen und Putten verbringt der Golfer während des Spiels mit Laufen, Stehen, Warten und nicht zu vergessen mit Suchen: Veranschlagen wir für die Vorbereitung des Schwunges und die Ausführung des Schlages 45 Sekunden, dann sind das bei 100 Schlägen auf der Runde 4500 Sekunden, rund 75 Minuten. Dieser Zeit stehen rund 240 Minuten für das gesamte Golfspiel des Turniergolfers gegenüber. Der Erfolg eines Turniergolfers hängt nun davon ab, wie gut er mit dieser »schwungfreien« Zwischenzeit umgehen kann.

Laden Sie Ihren Pro auch auf eine Golfrunde ein.

Konfrontation

Nicht nur mit bösen und gemeinen Hindernissen wie Bunker und Rough, sondern auch mit unangenehmen und unfairen Mitspielern kann der Turniergolfer über Stunden konfrontiert werden. Spieler mit festen Golfpartnern, die auf Privatrunden nie mit anderen Golfern spielen, sind als Turniergolfer eindeutig benachteiligt und können während des Turniers böse Überraschungen erleben. Proberunden mit Spielern, die für ihre Eigenheiten bekannt sind, können ein gutes Training sein, um während des Turniers auch mit dieser Art Behinderung fertig zu werden.

Unterwegs mit dem Golfpro

Der Platz des Golfpros ist nicht nur auf der Driving Range. Er ist auch an der Seite des Golfschülers auf dem Golfplatz. Nur sieht man ihn da nicht sehr oft. Zwar lassen sich Golfanfänger und auch Fortgeschrittene in der Schwungtechnik vom Golfpro stundenweise auf den Übungsanlagen unterrichten. Jedoch selten bucht ihn der Golfer, um mit ihm eine 18-Loch-Runde zu spielen. Es gibt keinen besseren Golfpartner auf der Runde als den Mann bzw. die Frau (Proetten sind noch in der Minderheit), der/die einem in die Golfwelt eingeführt und die ersten Schläge beigebracht hat. Er/Sie kennt die psychische und physische Belastungsgrenzen seines Schützlings am besten und kann deshalb mit ihm gemeinsam seine persönliche Erfolgsstrategie für das Turnierspiel erarbeiten. Nutzen Sie die Chance, von Ihrem Pro auch die Spielstrategie zu erlernen.

Weiterbildung zum Turniergolfer

Obwohl das Wesen des Golfspiels mit seinem komplexen Regelwerk und seinem komplizierten Vorgabensystem komplett auf Turniere sowie Wettspiele abgestimmt ist, wird dem Turniergolf (noch) nicht genügend Beachtung geschenkt. Über 50 000 Einträge registriert die Internet-Suchmaschine für den Begriff: »Golf Unterricht«, aber nur neun Einträge für den Begriff: »Turniergolf Unterricht.« Darunter ein verlockendes Angebot von einem Kreuzfahrtveranstalter für die Seefahrer unter den Golfern, die der Organisator von Golf-Kreuzfahrten auf große Fahrt und auf Golftour schickt und dabei auch zum »Turniergolf« einlädt, jedoch vorsichtshalber, wahrscheinlich um niemanden abzuschrecken, in Klammern hinter den Begriff »Turniergolf« (freiwillig) setzt. Während man zum Beispiel in Österreich Golfer in Turnier-Reifekursen und Handicap-Kursen zum Turniergolfer weiterbildet, sucht man in Deutschland mit jährlich steigenden Zuwachsraten an Golfern vergeblich nach solchen Angeboten. Eine Marktlücke, die hoffentlich bald geschlossen wird, denn für einen leidenschaftlichen Golfer kann es doch nichts Schöneres geben, als sich auf professionelle Art mit anderen Golfern zu messen und Turniere zu spielen. Die dazu erforderliche Reife und das Selbstvertrauen erlangt der Golfer im Aufbaukurs: »Turniergolf«. Voraussetzungen für diese Fortbildungsmaßnahme sind Grundkenntnisse des Golfspiels, des Regelwerkes und der Etikette sowie die Platzreife.

Auch in Internetforen beispielsweise www.golferlounge.de können Sie Ihre Kontaktanzeige kostenlos aufgeben. Mindestens drei, maximal sechs Personen sollten Sie für Ihre Aktion gewinnen, um den Golfpro mit der Durchführung des praktischen Kurses beauftragen zu können.

Tipps

1. **Ergreifen Sie selbst die Initiative, wenn es die Golfpros und Golfclubs nicht tun.**
2. **Organisieren Sie einen Turniergolf-Kurs.**
3. **Fragen Sie in Ihrem Golfbekanntenkreis, wer daran Interesse hat oder hängen Sie an die Pinnwand im Clubhaus einen Handzettel, auf dem Sie Interessenten für einen Weiterbildungskurs: »Turniergolf« suchen.**

Hauptschwerpunkt des Lehrprogramms
Das Spiel über 18 Löcher unter Turnierbedingungen.
Mögliche Lerninhalte: Pre-Shot-Routine; Die richtige Anwendung der Golfregeln; Verhaltensfallen auf dem Golfplatz; Bewältigung von Stresssituationen; das Zusammenspiel mit anderen; Spiel- und Platzstrategie; Berechnung von Turnierergebnissen.
Auf der Runde analysiert der Golfpro nicht den Schwung oder die Technik, sondern die Taktik, die Verhaltensweise des Golfers bei zweideutigen Balllagen und bei Bewältigung von Hindernissen.
Lernziele: Vermittlung der Grundlagen des Turniergolfs; Entwicklung einer individuellen Spiel- und Platzstrategie; Aufbau von Selbstvertrauen; Abbau von Golffieber und Analyse des Umgangs mit anderen.
Während eines Turnierspiels ist oft festzustellen, dass sich Golfer im Spiel selbst benachteiligen auf Grund mangelnder Regelkenntnisse und Unwissenheit über die Möglichkeiten zum Beispiel Erleichterung und Erleichterungsverfahren: Aufnehmen, Fallenlassen, Hinlegen, Zurücklegen, Besserlegen des Balles; lose hinderliche Naturstoffe; bewegliches; unbewegliches Hemmnis; ungewöhnlich beschaffener Boden; zeitweilige Bedingungen; Erleichterung für Ball im Wasserhindernis; Ball unspielbar; Droppen, wenn sich der Ball im Gelände eingebohrt hat; straflose Erleichterung auf dem gesamten Golfplatz auf Grund eines Erlasses der Spielleitung usw. Wer mit dem Golfpro im Turniergolf-Kurs vor Ort solche Situationen durchgespielt hat, wird im Turnier viele Situationen dieser Art souverän meistern.

Spielen Sie kritische Situationen und problematische Balllagen vor Ort durch.

Auf der Privat- oder Business-Runde

Jedes Golfspiel, das Sie allein oder mit anderen Golfern spielen, sei es über 18 Löcher oder nur über neun Löcher, nutzen Sie, um sich in Turniergolf zu trainieren. Stellen Sie Ihre Golfausrüstung genauso sorgfältig zusammen, als würden Sie anschließend ein Turnier spielen. Sie ziehen zuerst Ihre Golfschuhe auf dem Parkplatz an; holen Ihre Tasche aus dem Kofferraum.
Überprüfen Sie, ob Sie Bälle, Pitchgabel, Tee, Handschuh, Ballmarker und Bleistift haben; gehen Sie ins Clubhaus, um sich dort eine Scorekarte zu holen. Sie spielen keine Golfrunde ohne Scorekarte. Auch wenn Sie privat unterwegs sind, ermitteln Sie Ihre Schlagergebnisse. Sie zählen jedes Loch und notieren Ihre Schläge sowie Auffälligkeiten auf der Karte. Lassen Sie sich nicht von Ihren Golfpartnern dazu verleiten, einfach drauflos zuspielen. Notieren Sie die Schläge Ihres Mitspielers, auch wenn dieser nicht mitzählt. Sie müssen

Freuen Sie sich darauf, andere Turnierspieler kennen zu lernen.

Checkbox

1 Sie verfolgen auf Freizeitrunden konsequent Ihre Pre-Shot-Strategie.

2 Sie spielen nach den Regeln und ändern daran auch nichts, wenn Ihre Mitspieler sich darüber hinwegsetzen.

3 Sie konzentrieren sich auf Ihr Spiel.

4 Fragen Sie sich öfter: Hätte ich im Turnier den Ball auch so gespielt?

5 Was würde ich im schlimmsten Fall im Turnier riskieren?

6 Was hätte ich im Turnier getan, wenn sich mein Mitbewerber so verhalten hätte wie jetzt mein Mitspieler?

7 Wie muss ich mich jetzt nach welcher Regel verhalten?

ihm die Schlagergebnisse nicht mitteilen, wenn er das nicht möchte, aber Sie registrieren Ihre und seine Schläge, so wie Sie es im Turnierspiel auch tun würden.

Unarten

Lässigkeiten, die man sich auf der privaten Golfrunde im Laufe seiner Spielzeit angewöhnt hat, oder beim locker, leichten Golfspiel von den coolen Mitspielern übernimmt, können im Turniergolf gefährlich werden. Deshalb sollten Sie sich diese allgemein üblichen Unarten erst gar nicht angewöhnen, sondern konsequent spielen:

- Markieren Sie auf dem Grün immer Ihren Ball, auch wenn Ihre Golfpartner Sie ausdrücklich dazu ermuntern, ihn liegen zu lassen, weil der Ball sie angeblich nicht stören würde.
- Putten Sie niemals auf dem Grün, wenn die Fahne noch steckt, weil Sie glauben, auf Grund der Entfernung nicht einlochen zu können und dadurch nicht die Gefahr besteht, den Flaggenstock zu berühren.
- Beenden Sie jedes Loch ordentlich.
- Spielen Sie unter Ankündigung einen provisorischen Ball, wenn Sie nicht sicher sind, dass der Ball noch im Spiel ist oder Sie ihn finden, statt den Ball außerhalb der Ausgrenze weiterzuspielen oder bei Ballverlust irgendwo auf der Höhe der Stelle, wo der Ball verschwunden ist, einen neuen Ball ins Spiel zu bringen.
- Spielen Sie das Spiel über immer mit demselben Ball und wechseln Sie ihn nicht aus, nur weil er schmutzig ist oder Sie zufällig in der Hosentasche nach dem Ersatzball gegriffen haben.
- Spielen Sie stets nach der Reihenfolge und lassen Sie kein Loch aus.

Markieren Sie stets Ihren Ball.

- Kürzen Sie die Runde nicht ab, weil Sie dem vorderen nervenden Flight nicht mehr folgen wollen.

Eine der wichtigsten Eigenschaften eines erfolgreichen Turniergolfers ist diszipliniertes Verhalten. Alles, was im Turniergolf nicht erlaubt ist, sollten Sie sich auch auf der Privatrunde nicht zugestehen.

Außerhalb der geschäftlichen Zone

Die Partie Golf, die der Geschäftsmann mit seinem aktiven oder potenziellen Kunden spielt, um sich ihm außerhalb der geschäftlichen Zone zu nähern, ist vergleichbar mit einem Turnier und kann als eine Teilprüfung der Turniergolf-Ausbildung gewertet werden. Der in Aussicht gestellte Gewinn der Business-Runde ist entweder kurzfristig der geschäftliche Abschluss oder längerfristig der Beginn einer Partnerschaft. Nimmt sich der Business-Golfer vergleichbar mit dem Turniergolfer zu viel vor, kann er schnell einbrechen. Ist er hektisch und hat keinen Plan, wie er sich dem Kunden gegenüber verhalten soll, wird er nicht erfolgreich sein. Der erfahrene Business-Golfer setzt sich nicht das große Ziel, möglichst zwischen dem 5. und 15. Loch geschäftlich zu werden. Er zeigt Klasse und nimmt sich als Etappenziele vor, sich dem Kunden als fairer Partner von seiner besten Seite zu zeigen, die Sympathie des Kunden zu gewinnen und eine Beziehung zu ihm aufzubauen.

Das Golfspiel lässt Menschen offener und empfindsamer werden. Die Strategie des Business-Golfers ist es, diese Erkenntnis zu nutzen und dem Kunden Spiel und Spaß auf hohem Niveau zu bieten. Er beweist Charakterstärke und wird während der Golfrunde nur auf ausdrücklichen Wunsch des Kunden geschäftlich. Auf die Fragen zum Angebot oder Vertrag, die ihn zwischen zwei Schlägen treffen können, ist der Geschäftsmann vorbereitet. Er nimmt die Herausforderung an.

Übertriebene Komplimente bei einem schlechten Schlag des Kunden oder ihn absichtlich gewinnen zu lassen, ist unange-

Checkbox

Business-Golf-Spielregeln:

1 Offene Standposition beziehen,

2 Stil und Charme beweisen,

3 fair sein,

4 ehrlich spielen,

5 durch Kompetenz überzeugen.

Bleiben Sie in allen Lagen fair.

bracht. Schummelt Ihr Kunde, dann sehen Sie darüber hinweg wie der Unternehmensberater, der während eines Firmengolfturniers mit einem potenziellen Kunden feststellte, dass dieser aus dem Wald heraus einen anderen Ball gespielt hatte als seinen mit markantem Logo versehenen Spielball. Kurz nachdem der Kunde seinen Ball geschlagen hatte, fand der Unternehmensberater nämlich ganz in der Nähe einen zweiten Ball mit diesem einzigartigen Logo, das der Kunde zu Beginn des Spiels stolz seinen Mitspielern gezeigt hatte. Nach Abgabe der Scorekarte gab der Unternehmensberater dem Kunden den ersten Spielball ohne Kommentar zurück. Der Kunde nahm lächelnd seinen Ball an und der Unternehmensberater erhielt zwei Tage später seinen Auftrag.

Sammeln Sie Golfplatz-Erfahrungen, wann immer sich die Gelegenheit bietet.

Auf dem Heimatgolfplatz

Der ideale Platz, um Turniergolf zu trainieren und zu spielen, ist der Heimatgolfplatz. Erinnern Sie sich an Ihre ersten Golferlebnisse? Denken Sie daran, wie Sie sehnsüchtig den Spielern auf dem großen Platz nachschauten, bis Sie endlich nach vielen Übungsphasen und Spielen auf dem Kurzplatz Ihre Platzreife erlangten und damit die Berechtigung, eine 18-Loch-Runde allein, ohne Begleitung, spielen zu dürfen. Erleben Sie immer wieder Ihren ersten Golfschwung, Ihre erste Runde auf Ihrem Heimatplatz. Diese Emotionen sind es, die Sie auf den Proberunden in Ihr Golfbag packen, um auf sie zurückzugreifen, wenn Ihnen das eine oder andere Hindernis Schwierigkeiten bereitet, Sie Ihre Konzentration verlieren und an Ihrem schlechten Spiel zu verzweifeln drohen.

Auf dem Lieblingsgolfplatz

So sicher wie jeder Golfer einen Lieblingsgolfschläger besitzt, hat er auch mindestens

Checkbox

1 Überlegen Sie, wie Sie damals bei Ihrem ersten Spiel sich noch darüber freuten, den Ball über die gesamte Länge der Spielbahn ins Loch zu bringen, ohne ihn unterwegs zu verlieren und ohne lange nachzuzählen, wie viele Schläge Sie benötigten.

2 Rufen Sie sich ins Gedächtnis, wie zufrieden Sie damals mit sich, Ihren Schlägen und dem Platz waren.

3 Denken Sie daran, wie unbekümmert Sie sich eine Zehn auf dem Par 5 notierten.

4 Erinnern Sie sich, wie frei Sie damals von jeglichen Zwängen waren, denen Sie sich jetzt selbst aussetzen, indem Sie nur noch Ihr Handicap im Sinn haben und mit dem Rechner im Kopf Ihre Runde drehen.

einen Golfplatz zu seinem Lieblingsplatz gekürt. Landschaftliche Schönheit, Architektur und Modellierung des Platzes, sportliche Herausforderungen, die Spiellagen, gute spielerische Leistungen oder angenehmes Spiel-

Jeder Golfplatz hat seinen Reiz.

klima können ihn dazu veranlasst haben, den einen bestimmten Golfplatz im Vergleich zu anderen Golfanlagen, die er schon bespielt hat, auszuzeichnen.

Auf einem fremden Golfplatz

Ein unbekannter, von Ihnen noch nicht bespielter Golfplatz kann durch seine Ausstrahlung in Ihnen Energie freisetzen, die Sie sinnvoll nutzen sollten. Abenteuerlust und Pioniergeist sind Ihre Beweggründe. Die

Tipp

Schreiben Sie Ihre Beobachtungen Bahn für Bahn kurz stichwortartig in Ihr Notizbuch, in das Sie auch das Layout der Bahnen als Computerausdruck eingeklebt haben: Bahn 1: Fairway ziemlich eng, Rough ohne Übergänge dicht: auf Sicherheit schlagen, hohe Bunkerkante. Welliges Grün.

Spannung steigt. Erkunden Sie Ihren neuen Spielplatz. Trainieren Sie Ihre Sinne auf der Proberunde. Beobachten Sie so viel wie möglich, sammeln Sie Eindrücke, die Sie speichern und für das Spiel am Turniertag abrufen: Die Beschaffenheit der Fairways, die Gefährlichkeit der Roughs, die Gemeinheit der Bunker- und Wasserhindernisse, die Schnelligkeit der Grüns, die Wege zu den Abschlägen.
Wenn Sie ein Birdiebook bzw. Birdiemaker im Clubsekretariat erstanden haben, vermerken Sie Ihre Angaben als Randnotizen. Charakterisieren Sie immer auch Ihr Spiel an der betreffenden Stelle und einer bestimmten Situation: aggressiv, offensiv, defensiv.

Örtlichkeiten klären

Sie haben mit dem Layout des ungewohnten Golfplatzes und den Wegen zu den jeweiligen Abschlägen schon genug zu tun, belasten Sie sich am Tag des Turniers nicht noch mit der Lösung vieler Fragen, dafür gibt es die Proberunde. Informieren Sie sich deshalb rechzeitig und umfassend über den Turnierablauf und Turnierort. Bei einem Kanonenstart des Turniers sollten Sie in der Lage sein, das Tee, an dem Sie abschlagen, ohne lange nachfragen zu müssen, auf direktem Weg und nicht über Energie fressende Umwege zu erreichen.
Schauen Sie sich auf der gesamten Golfanlage um und orientieren Sie sich, wo das Clubhaus, die Driving Range, die Übungsanlagen: Pitching- und Putting-Green sind.
Fragen Sie bereits auf der Proberunde, wo Sie das Startgeld entrichten müssen und Ihre Scorekarte erhalten – im Club-Sekretariat oder in einem separaten Wettspielbüro – und wo Sie diese abgeben bzw. einwerfen können. Es gibt Clubs, die für die Benutzung der Driving Range Gebühren verlangen. Besorgen Sie sich rechtzeitig die Token für die Driving Range.
Am Tag des Turniers sollten Sie sich auf dem Turnierort bereits so wohl fühlen wie auf Ihrem Heimatgolfplatz. Können Sie es nicht einrichten, den fremden Golfplatz vor dem Turnier zu bespielen oder auch nur abzulaufen und die Golfanlage kennen zu lernen, besuchen Sie wenigstens die Homepage des Golfclubs, auf dessen Platz Sie spielen werden und informieren Sie sich über die Anlage und den Turnierort sowie die Anfahrt. Reisen Sie rechtzeitig an.
1. Eine Stunde vor der Turnierzeit reicht auf einem fremden Golfplatz nicht aus, um sich zu akklimatisieren und die innere Ruhe zu finden, die für ein erfolgreiches Turnierspiel ausschlaggebend ist.
2. Planen Sie mindestens zwei Stunden für Ihre Vorbereitungszeit ein.

Jeder Golfplatz bedeutet eine Herausforderung.

Während des Turniers

Verschiedene Spielsituationen

Der erfahrene Turniergolfer überlässt nichts dem Zufall, ist immer bereit und davon überzeugt, das Schlimmste im Griff zu haben. Schon im Vorfeld auf seinen Proberunden beschäftigt er sich intensiv mit verschiedenen Situationen, die sein Spiel negativ beeinflussen und ihn zusammen mit seinem Ball aus der Bahn werfen könnten. Er betreibt Krisenmanagement, erspürt mögliche Gefahrenquellen und potenzielle Bedrohungen, simuliert Krisen und probt Ernstfälle: wie Ball im Bunker eingegraben, Ball im Wasser, Ball im Aus, Luftschläge, Wadenbeißer (60- bis 70-Zentimeter-Putt oder »läppische Putts« wie sie Nick Faldo nennt und zum Trainieren des nötigen Selbstvertrauens empfiehlt), nervender Golfpartner, drängelnde Flights im Rücken, trödelnde Spieler voraus, Risikoschläge. Er analysiert und entwickelt seine Lösungsmodelle.

Tritt der eine oder andere Fall der schlimmen Fälle während des Turniers ein, hat der Turniergolfer bereits einen Lösungsansatz im Hinterkopf gespeichert, den er jetzt nur noch auf die akute Situation überträgt. Dadurch gewinnt er nicht nur Zeit, sondern schont auch seine Nerven. Dem Leitspruch des Golfpros Gene Sarazen folgend, »hofft er das Beste, rechnet mit dem Schlimmsten und nimmt es, wie es kommt.« Vom Abschlag über Hindernis bis zum Ziel, von

Üben Sie auch bzw. besonders »läppische« Putts.

Tipps

1 **Beantworten Sie sich die Frage: Was wäre, wenn ...?**

2 **Malen Sie den Teufel bewusst aufs Fairway und schlagen Sie ihn mit der richtigen Strategie in die Flucht.**

3 **Entwerfen Sie Verhaltensmuster.**

ärgerlich über peinlich bis tragisch reicht die Palette der emotionsgeladenen Spielsituationen, die einen Golfer aus dem seelischen und körperlichen Gleichgewicht bringen können, wenn sie ihn unvorbereitet treffen. Listen Sie auf, was Sie auf den bisherigen Golfrunden, unabhängig davon, ob Sie ein Turnier oder eine Freizeitpartie gespielt haben, gestört und aus Ihrem Konzept gebracht hat, worüber Sie sich geärgert oder weswegen Sie sich geschämt haben. Betrifft es den technischen, den spielerischen und/oder den zwischenmenschlichen Part des Golfspiels? Können Sie einem Part besonders viele Störfaktoren zuordnen?
Machen Sie die Belastungsprobe mit dem ...

... Ärgernis des Turniertages am Tatort: Abschlag

Sie stehen auf dem Abschlag und leiten gerade konzentriert und routiniert Ihren Eröffnungsturnierschlag ein, als sich die Golfer des hinter Ihnen spielenden Flights lautstark nähern.
Wie verhalten Sie sich am besten, sodass Sie den unangenehmen Vorfall möglichst schnell vergessen?

a) Ich setze meinen Schwung fort, während ich mich maßlos über diese Flegel ärgere.
b) Ich unterbreche sofort meine Vorbereitung und beschwere mich beim Starter.
c) Um meine Konzentration wiederzufinden, unterbreche ich, trete noch einmal vom Abschlag herunter, um dann wie gewohnt einen Probeschwung auszuführen und beginne schließlich erneut mit meinem Vorbereitungsritual.

Ruhe bewahren vor den Augen und unter den Blicken der Mitspieler.

... Peinlichkeit des Turniertages am Tatort: Rough

Ihr Ball liegt nach einem exzellenten weiten Schlag mit dem Driver mitten auf dem Fairway. Um möglichst mit dem zweiten Schlag auf dem Grün zu landen, wählen Sie Ihr Fairwayholz. Nach dem Probeschwung gelingt Ihnen ein Luftschlag. »Das ist mir schon lange nicht mehr passiert«, kommentieren Sie kopfschüttelnd Ihren Mitbewerbern gegenüber den Fehlschlag, um gleich den nächsten Versuch zu starten. Mit Überschwung treffen Sie den Ball unglücklich, der nur einige Meter rollt. Ihre Mitbewerber werden schon unruhig.

a) Ich erkläre meinen Flightpartnern, was ich falsch gemacht habe und setze erneut den Schlag mit dem Fairwayholz fort.
b) Ich konzentriere mich, ändere meine Strategie und tausche den Schläger aus. Statt einem Fairwayholz nehme ich mein Lieblingseisen.
c) Ich nehme den Ball auf und streiche das Loch.

Wenn der Schlag nicht gelingen will …

… Tragik des Turniertages am Tatort: Par 3

Sie haben die ersten zehn Löcher sehr gut gespielt und sind mit Ihren Ergebnissen zufrieden. Sie freuen sich schon auf das elfte Loch, das letzte Par 3 auf der Runde. Ihr erster Schlag landet nicht wie beim privaten Spiel üblich auf dem Grün, sondern im Vorgrün-Bunker. Eingebohrt im nassen Sand erwischen Sie ihn nicht satt und er bleibt an der Bunkerkante hängen. Als Sie nach ihm schlagen, rollt der Ball in den Bunker zurück und Sie benötigen noch einen Schlag, um ihn endlich vom Bunker aufs Grün zu befördern. Nach zwei Putts ist er endgültig im Loch.

a) Ich versenke mit dem letzten Putt meine Gedanken im Loch und beginne unbelastet mit der Vorbereitung des nächsten Abschlages.
b) Ich rechne schnell nach, wie teuer das Loch für meinen Score war und überschlage, ob es trotzdem noch reichen kann, mein Handicap herunterzuspielen.
c) Ich analysiere mein Spiel und überlege mir, was ich falsch gemacht habe.

… Unverschämtheit des Turniertages am Tatort: Grün

Ihre beiden Mitbewerber haben bereits das Loch einige Meter vor dem Grün aufgegeben. Sie sind noch im Spiel und mutterseelenallein auf dem Weg zum Grün, während Ihre Flightpartner bereits zum nächsten Abschlag unterwegs sind und sich für Ihr Spiel nicht mehr interessieren.

Tipps

1	**Lassen Sie sich noch weitere Spielsituationen einfallen, die Sie auf Privat- oder Turnierrunden erlebt haben.**
2	**Arbeiten Sie diese Erlebnisse auf und beurteilen Sie Ihr damaliges Verhalten.**

a) Ich erinnere meinen Zähler höflich an seine Pflichten, mein Spiel zu verfolgen, um meinen Score bestätigen zu können.
b) Ich nehme die Fahne heraus und bereite meinen Putt vor. Das Ergebnis teile ich den anderen dann später mit.
c) Ich fange mit den Spielverderbern eine Diskussion über Spielregeln an.

Wie würden Sie heute handeln? Ihre Storys können Sie mir auch per E-Mail an info@golferlounge.de übermitteln. Sie werden in die Sammlung: »Turniergolf in allen Variationen« aufgenommen, auf die Turniergolfer zum Trainieren zurückgreifen können.

Wenn der Ball nicht fallen will …

Die Mitspieler und das Spielerumfeld

Harvey Penick, einer der erfolgreichsten amerikanischen Golftrainer bedeutender Golfprofis, war davon überzeugt, nach einer einzigen Golfrunde genau zu wissen, ob er mit dieser Person noch einmal Golf spielen wird oder nicht. Denn Golf ist ein Spiel, das den Charakter eines Menschen offen legt. Selbst der beste Schauspieler unter den Golfern wird es nicht schaffen, bei einer Turnierrunde über mehrere Stunden sich ständig zu verstellen. Früher oder später verliert er seine Fassung und zeigt sein wahres Gesicht, vielleicht im Rough, wenn er zum fünften Mal hintereinander auf verschiedenen Bahnen seinen Ball dort versenkt hat, oder auf dem Grün, wenn bei 11 von 12 Löchern, die er gespielt hat, jedes Mal der Ball vor dem Loch »verhungert«, statt zu fallen. Man muss kein Psychologe sein, es reicht, mit offenen Augen und Ohren über den Golfplatz zu gehen und die Golfer im Umgang mit sich selbst, anderen Spielern und der Umwelt gegenüber zu beobachten, um zu erkennen, was mancher Golfer an seelischem Ballast mit auf die Runde nimmt und wann er ihn, je nachdem wie sein Turnierspiel verläuft, früher oder später zum Leidwesen seiner Mitspieler abwirft. Dadurch kann sich der eine oder andere Mitspieler erheblich in seinem Spielfluss gestört fühlen. Die Folge: Der Mitspieler, der eben noch gut gespielt hat, bringt nach dem Gefühlsausbruch seines Flightpartners von Loch zu Loch weniger Leistung.

Bei der Erforschung des Phänomens, im Turnier schlechter zu spielen als im Spiel mit Freunden und Bekannten, sollte der Faktor: »Mitspieler« nicht unterschätzt oder gar vernachlässigt werden. Der Golfer spielt auf der privaten Runde und im Wettspiel nicht mit anderen Schlägern, er ändert auch nicht seine Grundschläge. Ausrüstung und Technik

sind bei der Privatpartie und im Turnier identisch. Jedes Mal anders ist jedoch die Zusammensetzung des Flights im Wettspiel. In jedem Turnier spielt der Golfer mit anderen Spielern. Jeder Spieler hat seine Eigenarten, die das Zusammenspiel beeinflussen. Ein wichtiger Aspekt für den Golfer, der Fortschritte im Turniergolf machen möchte.
Es geht nicht darum, Ihren Mitspielern die Schuld für Ihr Versagen zuzuweisen, sondern zu ermitteln, ob Sie in irgendeiner Weise das Verhalten eines Ihrer Mitspieler tangierte.

Checkbox

1 Denken Sie an ein Turnierspiel, mit dem Sie nicht zufrieden waren.

2 Lassen Sie das Zusammenspiel Revue passieren.

3 Richten Sie den Fokus nur auf die Menschen in Ihrer Nähe.

4 Erinnern Sie sich noch an Ihre Mitspieler?

5 Können Sie Ihre Flightpartner kurz charakterisieren?

6 Hat Sie etwas an den Spielern in Ihrem Flight oder in Ihrem Umfeld, also an den Spielern hinter und vor Ihnen oder auf den Bahnen gegenüber, gestört?

7 Wann trat Ihr erstes Problem auf? Betrachten Sie es im Zusammenhang mit dem Verhalten Ihrer Mitspieler.

8 Rekonstruieren Sie so gut es geht die Situation im Flight, kurz bevor Sie einen Spielfehler begingen.

Stehen Ihre Flightpartner im Mittelpunkt Ihres Handelns? Wenn Sie entdecken sollten, dass zwischen dem Zusammenspiel und Ihrem schlechten Spiel ein Zusammenhang besteht, dann sind Sie ab sofort sensibilisiert und können mit der Bearbeitung Ihrer Schwachstelle beginnen.

Turniergolfer-Typen

Ein aktiver Turniergolfer wird im Laufe seiner Turnierzeit einige Golfertypen kennen lernen, die ihn mehr oder weniger belasten, mit denen er nie mehr im Turnier spielen möchte oder die er sich wieder einmal als Turniermitspieler wünscht. Das hängt vom Charakter des Einzelnen ab, den Turniergolf sehr schnell freilegt und den Ambitionen, mit denen jeder Golfer zu einem Turnier antritt: Da gibt es den hyperaktiven, der durch seine hektische Art andere aus dem Takt bringt. Er ist ständig auf dem Sprung zu seinem Ball, redet kaum und interessiert sich für seine Mitbewerber überhaupt nicht. Genau das andere Extrem ist der übertrieben fürsorgliche Golfer, der sich um alles und jeden kümmert und immer einen unpassenden Rat zum falschen Zeitpunkt auf den Lippen hat. Sie werden in Ihrer Turnierzeit auch noch den krankhaft ehrgeizigen und schummelnden Besserwisser, den Rechthaber, Labilen und Ängstlichen treffen und hoffentlich auch den fairen, angenehmen und unterhaltsamen Spieler.

Partner, Mitbewerber, Gegner

Im vorgabewirksamen Turnier ist der Mitspieler Partner und Mitbewerber zugleich. Eine seltsame Verbindung, die wiederum zum Wesen des Golfspiels passt und mit anderen Sportarten schwer vergleichbar ist.

Partner ist der Mitspieler dann, wenn es um die Vorgabe geht. Jeder Spieler konzentriert sich auf sein Spiel. Er selbst ist sein Gegner und vollkommen unabhängig von den Ergebnissen seiner Mitspieler bzw. Partner im Flight und aller Teilnehmer dieses Turniers. Die klassische Wettkampfstimmung wie im Tennisturnier, in dem der Fehlschlag des einen Spielers Punktgewinn des anderen bedeutet, kommt innerhalb des Flights nicht auf. Der Golfer hat keinen Vorteil, wenn sein Mitspieler einen Fehler macht und schlecht spielt. Dadurch wird sein eigenes Ergebnis nicht besser. Eine Taktik, den Mitspieler zu verwirren, braucht der Golfer deshalb nicht. Mitbewerber ist der Mitspieler nur, wenn es um den für das Turnier ausgeschriebenen Preis geht und den Vergleich mit allen Turnierteilnehmern, an wievielter Stelle er auf Grund seines Scores bzw. seiner erzielten Punkte auf der Ergebnisliste steht. Ein besonders ehrgeiziger Golfer kämpft somit gegen alle Turnierteilnehmer.
Im Lochspiel sind die Spieler Gegner. Das sollte den Turnierspieler aber nicht abhalten, so zu spielen wie im Zählspiel. Der Gegner spielt bei seinen Überlegungen und Entscheidungen keine Rolle. Er darf weder mit dem schlechten Spiel seines Gegners rechnen noch sich von dessen gutem Spiel beeindrucken lassen. Eine Scorekarte ist nicht unbedingt beim Lochspiel nötig, da es bei der Auswertung nicht um die jeweilige Schlagzahl geht, sondern darum, wer das Loch gewonnen hat. Der Spieler, der »down« liegt, wie es in der Turniersprache heißt, teilt den Score mit. Die Spieler verhalten sich fair und sagen rechtzeitig an, wenn sie an einem Loch einen Schlag vor haben. Der Gegner hat laut Regel 9-2 darauf Anspruch, »vom Spieler

Stehen Ihre Flightpartner im Mittelpunkt Ihres Handelns?

beim Spielen eines Lochs dessen jeweiligen Stand der Schlagzahl und im Anschluss an das Spielen eines Loch dessen Schlagzahl für das soeben beendete Loch zu erfahren. Ein Spieler darf seinem Gegner keine falsche Auskunft geben. Wenn ein Spieler falsche Auskunft gibt, verliert er das Loch.« Die falsche Aussage muss der Spieler noch korrigieren, bevor der Gegner spielt.

Spirit of game

Obwohl jeder Golfer im Turnier sich nur auf sein Spiel konzentrieren muss und das gesamte Turnier deshalb harmonisch verlaufen könnte, weht ein rauer Wind über die Fairways und vom Sport für Gentlemen wie Golf in historischen Berichten oftmals genannt wurde, kann wohl nicht mehr die Rede sein. In den letzten Jahren hat sich auch auf Grund der ansteigenden Zahl der Golfer und der dadurch zu bestimmten Zeiten überfüllten Golfanlagen das Spielklima erheblich verschlechtert. Diese klimatischen Veränderungen sind jedoch nicht nur auf deutschen Golfplätzen zu beobachten, sondern auf Golfanlagen auf der ganzen Welt. Die Zuwachsraten im Golfen sind enorm und schon lange ist Golf kein Sport mehr für vornehme alte Herren oder Damen der feinen Gesellschaft. Golf entwickelt sich zum Beispiel in Deutschland mit 30 000 Neuzugängen jährlich immer mehr zum Breitensport. Bei Aufenthalten im Turnier an den Abschlägen bzw. Staus auf den Bahnen bei über 30 Flights mit jeweils drei bis vier Spielern verliert so mancher stillose Golfer die Nerven und schlägt rücksichtslos drauf los.

Böse Zungen behaupten, dass bei keiner Sportart so viel geschummelt wird wie beim Golfen. Da kann es schon auf einer halbtägigen Turnierrunde unter den Golfpartnern, die sich zum Teil nicht kennen und sich fremd sind, zu Konflikten und Streitereien kommen. Wie sonst ist es zu erklären, dass in dem gerade überarbeiteten und vom Royal and Ancient Golf Club of St. Andrews herausgegebenem weltweit gültigen Golf-Regelwerk die Golfer zur Höflichkeit aufgefordert werden. Was hat wohl dazu geführt, zum ersten Mal in der Geschichte des Golfsports den folgenden Passus ins Regelwerk von 2004 bis 2007 aufzunehmen? »Das Spiel beruht auf dem ehrlichen Bemühen jedes Spielers, Rücksicht auf andere Spieler zu

The Spirit of the game begleitet Sie als Turniergolfer.

nehmen und nach den Regeln zu spielen. Alle Spieler sollten sich diszipliniert verhalten und jederzeit Höflichkeit und Sportsgeist erkennen lassen, gleichgültig wie ehrgeizig sie sein mögen. Das ist der »wahre Geist des Golfspiels« (Spirit of Game).«

Was bedeutet ehrliches Bemühen?

Das Golfturnier findet ohne direkte Anwesenheit eines Schiedsrichters statt. Die Turnierteilnehmer ermitteln ohne unparteiische Aufsicht ihre Spielergebnisse selbst. Der Zähler ist auch Spieler. Der Spieler bestraft sich selbst. Wenn das alles gut funktionieren soll, muss jeder Turnierteilnehmer ein hohes Maß an Disziplin und Fairness aufbringen. Das gelingt jedoch nicht jedem und die Verführung ist groß, die eine oder andere sowieso schwer zu interpretierende Regel zu umspielen, sich zu verzählen oder in Zwangslagen des Balles den in manche Golferhose eingebauten Fallmechanismus auszulösen, um den Reserveball ins Spiel zu bringen oder nach dem Ball zu treten, statt zu schlagen. Bei einer Befragung von Golfern gaben 88 Prozent der Frauen und 82 Prozent der Männer zu, auf dem Golfplatz zu schummeln. Wenn Sie zu den 12 Prozent oder 18 Prozent

Schlagen Sie aufrichtig und ehrlich nach jedem Ball.

gehören, die sich im Turnier bemühen, ehrlich zu sein, dann könnte das unehrliche Verhalten Ihrer Mitspieler durchaus ein Störfaktor sein, der sich negativ auf Ihr Turnierergebnis auswirkt. Sie ärgern sich, dass Ihr Mitbewerber nun schon zum wiederholten Male einen Schlag pro Loch unterschlägt. Sie schauen rüber zum Flight auf der gegenüberliegenden Bahn und sehen, wie ein Spieler seinen Ball aus dem Rough kickt, während seine Mitspieler nach ihren eigenen Bällen suchen.

Tipp

Ein Schlag, den Sie bewusst nicht zählen, kostet einen Teil Ihrer Aufmerksamkeit, die Sie für das Spiel von mindestens zwei Löchern nach der Schummelaktion verlieren, und Ihr Ansehen unter Ihren Mitspielern.

Nicht jeder Golfer ist so ehrlich und fair und beweist Charakterstärke wie Bobby Jones, der bei den US Open 1925 bei einem Probeschwung auf dem Fairway seinen Ball nur um einen Hauch bewegte und sich dafür wie selbstverständlich einen Schlag notierte. Es gäbe Regeln, soll er erklärt haben, man würde auch keinen Mann loben, weil er eine Bank nicht ausraubt. Der Schlag kostete ihn den Titel. Und was kostet Sie ein Schlag? Deshalb der Rat an die hochprozentige Gruppe unter den Turniergolfern: Betrügen Sie sich nicht selbst. Ihr Unterbewusstsein wird es Ihnen danken. Und ein Tipp an die Minderheit: Regen Sie sich nicht über Ihre schummelnden Mitbewerber auf und lassen Sie sich Ihr Spiel nicht von diesen unfairen Menschen verderben. Wenn Sie Konfliktgespräche verabscheuen, sollten Sie sich damit schnellstens abfinden, dass Ihr Mitbewerber den wahren Sinn des Spiels nicht erkannt hat, und sich wieder Ihrem eigenen Spiel widmen.

Gehen Sie rücksichtsvoll mit dem Grün und den Mitspielern um.

Was bedeutet Rücksicht auf andere Spieler nehmen?

Der Golfer führt seinen Schwung trotz großer Spielfläche auf kleinem Raum aus. Im Turnier steht er mit mindestens zwei weiteren Mitbewerbern auf dem Abschlag jeder Bahn und bei Rückstau auch mit bis zu sieben Spielern. Bei der Konzentration, die jeder einwandfreie Schwung von seinem Spieler verlangt, kann rücksichtsloses Verhalten einzelner Mitbewerber das Turnierergebnis negativ beeinflussen.

Still stehen, jede Bewegung und jedes Geräusch zu vermeiden, heißt es für alle anderen, wenn ein Spieler im näheren Umfeld sich auf den Schlag vorbereitet. Den Respektabstand hält der Golfer zu dem gerade schwingenden Spieler ein, um ihn nicht zu irritieren. Die Spieler rennen nicht einzeln vom Abschlag weg zu ihren Bällen, sondern warten bis der letzte abgeschlagen hat, um mit ihm gemeinsam in die Richtung des nächstgelegenen Balles zu laufen. Keiner steht dem anderen im Weg weder auf dem Fairway noch auf dem Grün.

Die Sicht zurück zu den hinteren nachfolgenden Spielern verliert der aufmerksame Turniergolfer nicht. Sollte der nachfolgende Flight seiner Gruppe dicht auf den Fersen sein, ist eine Überprüfung und entsprechende Änderung der Schnelligkeit des eigenen

Spiels und der Mitbewerber im Flight angebracht. Einer im Flight sollte sich dieses Problems annehmen und dafür sorgen, dass bestimmte Spielabläufe beschleunigt werden und auch zwischen den Abschlägen schneller gelaufen wird.

Aus Ungeduld oder falscher Einschätzung der Reichweite nach dem Ball zu schlagen, bevor die vorderen Spieler aus dem Blickfeld sind, ist unverantwortlich und rächt sich meistens dadurch, dass der Ball jenseits des Fairways landet, weil der Golfer doch nicht befreit schwingen konnte. Durch den internationalen Warnruf: »Fore« kann vielleicht noch das Schlimmste verhindert werden.

Die Puttlinie des Mitspielers ist dem rücksichtsvollen Turniergolfer genauso wichtig wie seine eigene. Er tritt nicht auf sie und räumt unaufgefordert seinen Ball aus dem Weg. Behindert sein Ballmarker den Putt des Mitbewerbers, versetzt er ihn in Absprache des Puttenden nach rechts oder links. Tut dies ein Mitspieler für ihn, achtet er darauf, dass der Spieler die Marke vor seinem Putt auch wieder zurückversetzt. Auf dem Grün bessert der Golfer seine Pitchmarke und die der anderen aus.

Divots legt er zurück, Zigarettenkippen und sonstigen Unrat wie abgebrochene Tees und Papier wirft er nicht weg, sondern sammelt alles im Bag-Aschenbecher. Er belästigt nicht die anderen Spieler durch unkonzentriertes Verhalten wie Schläger vergessen, Ballmarker auf dem Grün nicht mehr finden oder Tee am Abschlag stecken lassen.

Seine Spuren im Bunker und die seiner Vorgänger beseitigt er sorgfältig. Den Rechen räumt er so auf, dass keiner der nachfolgenden Turnierteilnehmer dadurch behindert wird. Er fährt nicht mit dem Golfwagen

Hinterlassen Sie als Turniergolfer einen sehr guten Eindruck, bessern Sie schlechte Eindrücke schnellstens aus.

über den Abschlag und zwischen Bunker und Grün, stellt ihn nicht anderen in den Weg und im Vorgrün ab.

Die Score-Ergebnisse werden nicht auf dem Grün ausgetauscht, sondern erst auf dem Weg zum nächsten Abschlag, jedoch so, dass kein anderer Spieler im näheren Umkreis dadurch in seiner Konzentration gestört wird. Beim Eintrag der Schlagzahl in die Scorekarte des Spielers, den er zählt, achtet er auf eine deutliche und eindeutige Schrift.

Der Spieler kümmert sich nicht nur um seinen Ball, sondern auch um die seiner Flightpartner und ist darauf bedacht, dass alle Mitbewerber schnellstens ihren Ball wieder finden. Bei Suchaktionen geht er systematisch vor und nicht unkontrolliert.

Ohne Etikette kann ein Turnier nicht reibungslos gespielt werden. Unverschämtes, rücksichtsloses Verhalten bringt Unruhe in das Spiel aller Beteiligten und provoziert Streit.

Der Spielverlauf

»Mein bestes Golf spiele ich immer dann, wenn alles ganz natürlich fließt. Nichts fühlt sich überstürzt an, und ich habe das Gefühl, dass ich auf der Runde überhaupt nichts beeinflussen muss.« Diese Emotionen, die Tiger Woods hier beschreibt, kennen sicher viele Golfer von der privaten Golfrunde, aber leider nur wenige vom Turniergolf. Daran sind jedoch nicht die Organisatoren des Turniers schuld und auch nicht die anderen Turnierteilnehmer. Den Verlauf seines Spiels beeinflusst der Turniergolfer ganz allein. Er geht mit allzu großen Erwartungen und falschen Hoffnungen an den Start. Er ärgert sich über die Organisatoren, über den vorderen und hinteren Flight, ihn stören seine Mitspieler. Er ist mit seinem Schwung, seiner Weite und der Lage seines Balles unzufrieden. Er verliert zuerst die Lust, dann die Nerven und schließlich die Konzentration. Sie kennen das sicher.

Jetzt ist es Zeit, sich an die fast schon philosophischen Worte des schwedischen Spitzen-Golflehrers und weltweit bekannten Golfdozenten, Kjell Enhager, zu erinnern: »Wo ein durchschnittlicher Spieler lernt, dass der Platz die Welt ist, das Spiel ein Prozess, und dass, um zu gewinnen, die Person mit dem Schläger nicht mehr und nicht weniger als ein Teil der Natur sein muss.«

An- und abschalten

Bernhard Langer, ein Spieler, der schon seit Jahren immer an der Spitze des Elite-Golfs steht und wie kein anderer die Tücken des Golfspiels am eigenen Schlag erlebt hat, weiß Rat: »Kein Spieler kann sich sechs Stunden am Stück konzentrieren – jedenfalls nicht auf dem erforderlichen hohen Niveau. Ein Golfer muss es daher schaffen, sich eine Mi-

Zum richtigen Zeitpunkt an- und abspannen, ist das A und O beim Turniergolf.

Sich nur auf den einen momentanen Schlag zu konzentrieren, ist das Erfolgsrezept erfahrener Turniergolfer.

nute oder eine halbe Minute vor dem Schlag voll zu konzentrieren. Wenn er den Ball geschlagen hat, gilt es wieder abzuschalten, an andere Dinge zu denken. Beispielsweise unterhält man sich mit seinem Caddie oder mit anderen Spielern. Ist man dann beim Ball angekommen und muss den nächsten Schlag ausführen, ist wieder volle Konzentration erforderlich. Ein guter Golfer muss an- und abschalten können.« Er muss das Auf und Ab in seinem Spiel akzeptieren, schlechte Schläge schnell aus seinem Gedächtnis streichen und sich von den guten Schlägen motivieren lassen.

Nehmen Sie es hin, wenn Ihr Turnierspiel nicht so gut läuft, wie Sie es von Ihren sonstigen Golfrunden gewöhnt sind. Verwechseln Sie jedoch nicht Gleichgültigkeit mit Gleichmut. Gleichgültigkeit ist für das Golfspiel tödlich, denn Sie haben sich dann damit abgefunden, am Spielverlauf nichts mehr ändern zu können; Gleichmut ist Ihrem Spiel förderlich, dann nehmen Sie bestimmte schlechte Phasen im Spiel hin, ohne an ihnen zu verzweifeln. Dazu benötigen Sie noch Geduld, was der Golfpro Todd Hamilton bestätigt: »In meiner Karriere habe ich vor allem gelernt, dass man Geduld haben muss.«

Golffieber senken

Ganz ohne Golffieber fehlt dem Golfer die für ein Turnier erforderliche natürliche Anspannung, die die Vor- und Spielfreude steuert:

Checkbox

Im grünen Bereich spielen Sie, wenn Sie Folgendes beachten:

1 Turnierort und Turnierplatz studieren.

2 Mitspieler kennen lernen.

3 Golftechnik, Regeln und Etikette beherrschen.

4 Sich einschwingen.

5 Positives Bild von sich haben.

6 Sich ein positives Bild vom Spielverlauf machen.

7 Routine entwickeln.

8 Sich konzentrieren.

9 Erfahrungen in verschiedenen Turnieren sammeln.

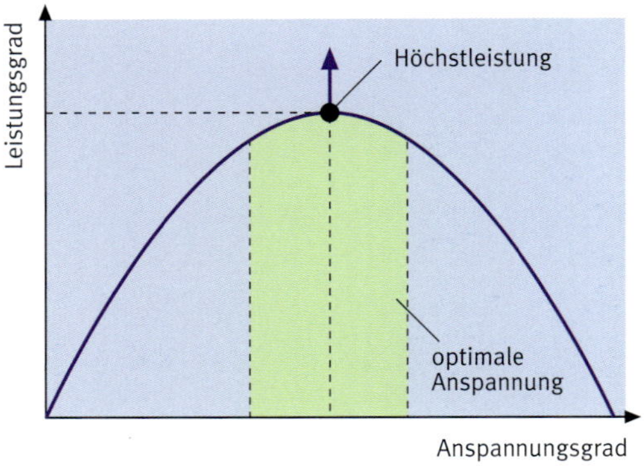

Höchstleistung bringt der Turniergolfer innerhalb des gestrichelten Bereichs.

Jedoch je höher das Golffieber, umso weniger Leistung. Der ideale Spannungszustand ist erreicht, wenn sich der Golfer im oben skizzierten Bereich bewegt.

Persönliche Stimmungsschwankungen

Golfer wissen auf Grund ihrer guten Ausbildung im Golfen, wie sie welchen Schläger greifen und die Standposition einnehmen müssen, wenn der Ball in einer Schieflage zur Ruhe kommt, aber sie sind manchmal überfordert, wenn es darum geht, die persönliche Schieflage während des Turniers zu bewältigen. Sie trainieren, mit den Tiefen des Roughs fertig zu werden, aber sie üben nicht, mit ihrem Stimmungstief umzugehen. Das sollten sie jedoch tun, denn die Stimmung beherrscht den ganzen Golfer und damit auch seinen Golfschläger. Ein Golfer mit einem hohen Handicap mit guter Laune löst Zwangslagen besser als ein Golfer mit niedrigem Handicap und mieser Laune, unabhängig von Schlägerwahl und Schwungtechnik. »In der Praxis misslingt jedem Spieler einmal ein Schlag. In diesem Fall kann man sich entweder furchtbar aufregen und minutenlang mit sich hadern. Dann wird man nicht nur einen, sondern reihenweise Fehler produzieren. Auf der anderen Seite kann man aber auch versuchen, das Missgeschick wegzustecken. Man sagt sich: »Ich habe mein Bestes gegeben. Ich bin ein Mensch und mache Fehler – dafür spiele ich an den nächsten Löchern wieder Birdies oder Pars. Dieses positive Selbstgespräch ist sehr wichtig« (Bernhard Langer).

Lernen Sie mit Ihrer Stimmung während des Turniers umzugehen.

Tipps

1 **Denken Sie täglich drei Mal an die angenehmen Seiten des Golfspiels.**

2 **Gewöhnen Sie sich an, zu lächeln, wenn Sie spüren, dass sich die schlechte Laune ins Spiel bringt.**

Glücksmomente

Jeder Golfer ist seines Glückes Schmied. Er kann sich daran erfreuen oder darunter leiden, auf der grünen Seite des Lebens zu spielen. Die Farbe Grün, die das Golfspiel beherrscht hat zwei Seiten: Sie steht für Lebendigkeit und Zuversicht, sie steht aber auch für Unreife und grün ärgern. Entscheiden Sie sich für die positive Seite und Sie werden nicht nur im Turnier Erfolge erzielen. So banal das klingt, so einfach ist das auch. Listen Sie nach jedem Golfspiel schriftlich auf, was gut ist. Entdecken Sie Dinge im Spiel, die Sie glücklich machen. Innerhalb weniger Wochen verändert sich Ihre Einstellung und Sie nehmen Ihr Spiel positiv wahr. Staunen Sie über die kleinen Erfolge in Ihrem Golfspiel und Ihr Körper wird das Hormon Endorphin ausschütten, das Ihnen Glücksgefühl beschert. Bilden Sie sich eine positive Meinung über sich als Golfer. Widmen Sie sich konzentriert der Aufgabe, ein guter Turniergolfer zu werden. Es ist wissenschaftlich erwiesen, dass Menschen, die sich einer Aufgabe mit großer Aufmerksamkeit zuwenden, glücklich sind.

Humor und Pfiffigkeit

Groll, Verbissenheit und Unzufriedenheit sind schlechte Golfcaddies und suchen sich ihresgleichen. Das sind die Golfer, die mit einem Gesichtsausdruck auf die Turnierrunde gehen, als müssten sie in den Krieg ziehen. Sie kämpfen dann auch tatsächlich mit sich und vor allem gegen sich. Seien Sie pfiffig unterwegs. Lassen Sie sich von Liebe, Lust

Checkbox

1 Legen Sie sich Ihren persönlichen Golf-Anekdotenschatz zu.

2 Gehen Sie bewusst auf die Runde, um diesen wieder um einige lustige, skurrile Geschichten rund um den weißen Ball und seine Golfertypen zu bereichern.

3 Besorgen Sie sich Gesprächsstoff für den Smalltalk bei der nächsten Partie mit angenehmen Golfern, für die Runde im 19. Loch.

und Leidenschaft im Turnier begleiten. Nehmen Sie sich nicht zu ernst und unangenehme Mitspieler schon gar nicht. Lachen Sie über sich, statt sich über Ihre Fehler zu grämen. Vergessen Sie nie, dass es ein Spiel ist, das Sie an diesen Ort geführt hat. Belächeln Sie die spießigen Aktivitäten Ihres unsympathischen Mitspielers, der vor Zorn seinen Schläger in den Wald wirft, seine Scorekarte zerreißt, sich mit dem gefälschten Score selbst betrügt oder sich mit seiner Wut im Bauch seiner Spielfreude beraubt.

Freudenrituale

Ein schöner Drive, ein gekonnter Chip, ein gelungener Monsterputt, der Ball tot an der Fahne, ein Birdie, ein Par ... sind die Momente im Leben eines Golfers, die sein ganzes Spielerleben beeinflussen und ihm zu weiteren größeren Erfolgen verhelfen können, vorausgesetzt, er verarbeitet sie entsprechend. Von einem schlechten Schlag zehren viele Golfer oft die ganze Runde über, aber von diesem einzigartig schönen Schlag werden nur die Ambitionen geweckt, noch besser schlagen zu wollen. Einen größeren Fehler könnte der Turniergolfer nicht begehen. Wer sich nach einem Super-Drive mit dem Gedanken auf den Ball hinbewegt, jetzt mit dem zweiten Schlag auf dem Grün zu landen, statt sich über den gerade ausgeführten Schlag angemessen zu freuen, nicht zu überschwänglich und zu aufdringlich für den Mitspieler, bescheiden und doch von ganzem

Wartezeiten können zur Regeneration genutzt werden.

Herzen, wird in seinem Golferleben nie konstant gute Leistung erbringen. Es werden immer nur Zufallstreffer bleiben.

Die Belastung durch den Score

Bedenken Sie, dass Sie nicht als Buchhalter auf der Runde sind, sondern als Golfspieler. Den typischen Buchhalter unter den Golfern erkennen Sie am abgekauten Bleistift und an der abgegriffenen Scorekarte. Jede Minute, die er warten muss, bis er weiterspielen kann, nutzt er, um seinen Score zu ermitteln, nachzurechnen, vorzurechnen und zu kalkulieren, ob er sich noch in der Pufferzone oder unterhalb seiner Vorgabe bewegt. Vor lauter Rechnen bleibt ihm keine Zeit, sich zu entspannen und auf das Spiel, das für seinen Score so wichtig ist, vorzubereiten. Dieser Golfer befindet sich mit seinen Gedanken ständig in der Vergangenheit, wenn er die Ergebnisse der bereits bespielten Bahnen auswertet, und in der Zukunft, in dem er sich ausrechnet, was er an welchem Loch noch spielen muss, um sein Handicap herunterzusetzen. Darunter leidet das Spiel in der Gegenwart.

Nur das Hier und Jetzt zählen.

Sorge dich nicht um deinen Score, spiele

Die meisten Golfturniere werden als Zählspiel nach Stableford gespielt, da hier das Loch, an dem der Golfer keine Punkte mehr erreichen kann, nicht zu Ende gespielt werden muss. Das ist nicht nur für den schnelleren Ablauf der Turniere gut, sondern auch für den Typ Golfer, der sich ständig um seinen Score sorgt und sein ganzes golferisches Handeln darauf abstimmt. Eine zweistellige Schlagzahl würde der Golfer nur schwer verkraften, ein Strich schmerzt weniger. Dass der Anblick einer zu hohen Schlagzahl gerade Golfer mit niedrigem Handicap negativ berühren kann, ist jedes Jahr bei den Clubmeisterschaften, die als Zählspiel ausgetragen werden, zu sehen. Die Spieler sind irritiert, ein Loch so lange spielen zu müssen, bis der Ball eingelocht ist, weder den Ball aufheben noch ein Loch streichen zu dürfen. Läuft das Spiel gut und bewegen sich die Ergebnisse zwischen Par und Bogey, dann ist die Welt des Golfers in Ordnung. Spielt er jedoch ein Doppelbogey oder sogar ein Triplebogey an einem Loch, dann sinkt das Selbstvertrauen oder steigt die Aggressivität, je nach Charakter.

Es wird deutlich, wie der Score den Spieler beeinflusst. Deshalb sollte der Turniergolfer auf Proberunden auch ab und zu nach den Regularien des Zählspiels golfen, um festzustellen, wie viele Schläge er tatsächlich an diesem Loch benötigt, das er sonst streichen würde. Greg Norman, einer der besten Golfer, bezeichnet Golf als ein Spiel missglückter Schläge: »Ein Scratch-Spieler kann auf nicht mehr als einen oder zwei perfekte Schläge hoffen. Das Ergebnis des Wettspiels hängt daher viel weniger von Ihren guten Schlägen ab, als Sie meinen. Ihr Score leidet weit mehr unter den schlechten Schlägen, als ein paar gute wieder wettmachen können. Selbst der große Walter Hagen gestattete sich ... sieben Fehler pro Runde. Sie können sich also gut und gerne ein paar mehr zugestehen. Achten Sie nur darauf, dass Ihre Fehler Sie nicht mehr als jeweils einen Schlag kosten«.

Konzentrieren Sie sich auf Ihr Spiel.

Zweckpessimismus

»Ich versuche, nicht zu viel über Resultate nachzudenken, sondern konzentriere mich auf mein Spiel. Wenn man sich auf seine Leistungen konzentriert und auf die Bereiche, in denen man sein Spiel verbessern muss, dann kommen die Resultate (hoffentlich) von ganz allein«, erklärt der Golfprofi Garry Orr. Um die psychologische Barriere, die der Score bei manchen Golfern darstellt, zu überwinden, muss sich der Turniergolfer die Unart abgewöhnen, ständig Zwischenergebnisse abzurufen. Wenn Sie zu den Rechenkünstlern gehören, sollten Sie sich für das nächste Turnier das Etappenziel setzen, während des Wettspiels nur die Schlagzahl einzutragen, jedoch nicht zu rechnen oder an den Score vor Beenden des 18. Lochs zu denken.

Auch wenn der Score gut ist, kann er zu einer Belastung für den Spieler werden. Mancher Spieler lässt sich dadurch leicht zu Entscheidungen hinreißen, die er vielleicht später bereut. Der Star unter den Formel 1 Rennfahrern, Michael Schumacher, entgegnete einem Reporter auf die Frage, wie er sich als potenzieller Weltmeister fühle, dass er, so lange mathematisch nicht alles klar sei, nicht darüber reden werde. Diesen Zweckpessimismus des über Jahre hinweg erfolgreichsten Sportlers sollte sich der Amateur-Turniergolfer aneignen. Es gilt, den Score nicht vor dem Ende des Turniers zu loben. Denn das, was ausgesprochen wird, wird auch gedacht. Beides hemmt die sportliche Leistung.

Befreien Sie sich von allen belastenden eigenen Gedanken und Aussagen anderer.

Unter Druck setzen

»Sie spielen so gut, da unterspielen Sie sich ganz sicher.« »So wie du heute golfst, schaffst du es, dich auf Handicap 36 herunterzuspielen.« »Komm, den puttest du doch mit Links rein, das ist ein sicheres Par.« »Mit dem Ergebnis bis jetzt kannst du dich sehen lassen.« »Wenn du so weiter machst, dann nenn ich dich nur noch Tiger.« »Da bekommst du jetzt noch einen Punkt an dem Loch«. So oder so ähnlich klingen die besonders gut gemeinten Ermunterungen, Komplimente, Aufforderungen und Interpretationen von höflichen Flightpartnern.

Jedoch können nicht alle Golfer mit solchen Kommentaren und Bewertungen umgehen. Zunächst fühlen sie sich geschmeichelt und schweben über dem Fairway. Sie werden auf- und herausgefordert, weiter so gut zu spielen und dazu animiert bzw. verführt, von Mitspielern gesetzte Ziele erreichen zu wollen. Darüber hinaus werden sie an den Score erinnert. Die Ernüchterung folgt Schlag auf Schlag. Der Score behindert den Geist und den Körper. Der Golfer muss sich erheblich anstrengen, nicht immer an seine Schlagzahl zu denken. Zu schön sind die Visionen des Mitbewerbers über das eigene

Spiel und zu verlockend, ab sofort ständig das Ergebnis im Gedächtnis vor sich zu haben und den Wunschvorstellungen entgegenzuspielen. Vergessen sind die Etappenziele. Der Spieler überfordert sich und hat schwer zu kämpfen, sein Spielniveau zu halten.
In einem Golferforum schilderte ein junger Golfer, wie er sich von Mitgliedern seines Clubs während eines Turniers unter Druck gesetzt fühlte, weil sie ihm ständig voraussagten, was er an diesem Loch spielen würde. Der junge Mann mit Handicap 8 war im Club bekannt, dass er sehr gut spielte und keine Runde über seinem Handicap beendete. Vor Scham zu versagen, so analysiert er sein Verhalten selbst, sei er an einem der schwierigsten Löcher auf dem Platz ein zu hohes Risiko eingegangen, änderte seine Strategie und griff das Grün an. Das sei total daneben gegangen und er hätte schließlich das Loch streichen müssen. Er habe dann nur noch schlecht gespielt und stellte die Frage in den Chatroom, ob ihm jemand sagen könne, was er tun solle, damit dies nicht mehr passiert. Dabei hatte der junge Golfer sein Problem schon selbst erkannt und analysiert. Er musste nur noch die letzte Konsequenz daraus ziehen. Wenn er sich bewusst macht, welcher Umstand und welche Zustände ihn in seiner Konzentration gestört haben, was oder wer ihm die Freude am Spiel genommen hat, wird er erkennen, dass er bei den Clubmitgliedern ansetzen muss. Auf sie muss er sich jetzt konzentrieren, will er sich selbst helfen. In kleinen Schritten muss er üben, sich dem Druck, der von ihnen ausgeht, zu widersetzen. Das gelingt, indem er sich schon, bevor er zum Clubturnier antritt, ausdenkt, was er zu den Mitgliedern sagt, wenn sie ihn darauf ansprechen, warum er im letzten Turnier nicht so gut gespielt habe bzw. was im letzten Turnier mit ihm los gewesen sei. Er hat dann die passende Antwort parat: zum Beispiel die schlag-

Tipps

1	**Um den Golfer vom Score zu heilen und wider den golferischen Ernst, wird ihm die Teilnahme an Jux-Turnieren verschrieben.**
2	**Die Ausschreibung lautet: humorig statt vorgabewirksam.**
3	**Es gibt bereits Lachseminare für Mitarbeiter, um die Freude an der Arbeit wieder zu finden. Das ist vergleichbar mit den Unterhaltungsturnieren, bei denen sich der Golfer vorgabewirksamer Turniere selbst therapieren kann.**

Haben Sie Freude am Turniergolf.

fertige, offensive: »Ich hatte ein einziges Mal die gleichen Probleme, die ihr in jedem Turnier habt.« Oder die freundliche, belehrende: »Ich habe diese schlechten Schläge alle längst abgehakt und erinnere mich nur an die guten «.

Sich auf sein eigenes Spiel zu konzentrieren und keine kostbare Energie und Trainingszeit mit der Grübelei zu vergeuden, was die anderen über den Score bzw. das Spiel denken, das ist das Etappenziel dieses jungen Mannes, das er sich für die nächsten Turniere setzen sollte. Erreicht er dieses Ziel, dann wird er auch wieder mit seinen Schlägen und seinem Score zufrieden sein.

Dieser junge Mann hat wie viele Golfer, die nur Turniere spielen, um ihren Score zu verbessern durch noch weitere, präzisere Drives und noch exaktere Putts die Freude am Golfspiel verloren, wahrscheinlich hat er sie mit einem Super-Putt direkt im Loch versenkt. Erfolgreichen Sportlern wie Boris Becker, Michael Schumacher und Bernhard Langer ist dieses Gefühl nie abhanden gekommen. Der Turniergolfer, der im Wettspiel nicht mehr lachen kann und seinen Spaß hat, dem wird es gehen wie Franziska van Almsick: Er wird froh sein, dass die Runde bald zu Ende ist.

Die Herausforderungen des Golfplatzes

Mit Werbeslogans wie: »Ein Platz mit Herausforderungen für Golfer jeder Spielstärke«. »Ein Meisterschaftsplatz der Extra-Klasse mit herausfordernden geheimnisvollen

Roughs und mythischen Wasserläufen«, »Spektakuläre Fairways, eine Herausforderung für jeden Golfer« wollen Golfreiseveranstalter und Clubs Golfer anlocken. Dem aufmerksamen Beobachter der Golferszene und Besucher der Internet-Foren oder auch Klagemauern für Golfer, in denen viele Spieler ihre Leiden gerade wegen der Herausforderungen des Golfplatzes schildern, drängt sich in diesem Zusammenhang die Frage auf: Werden die Golfer von den Herausforderungen des Golfplatzes nun angezogen oder abgestoßen? Ist bei der Beantwortung dieser Frage vielleicht wieder die Unterscheidung zwischen Golf und Turniergolf in Betracht zu ziehen? Kann es sein, dass der Golfer im Tiefsten seines Innern durchaus den Reizen der Schönheiten der Golfplätze erliegt und sich von den unterschiedlichen Herausforderungen angezogen

Auch ein Bunker kann entzücken.

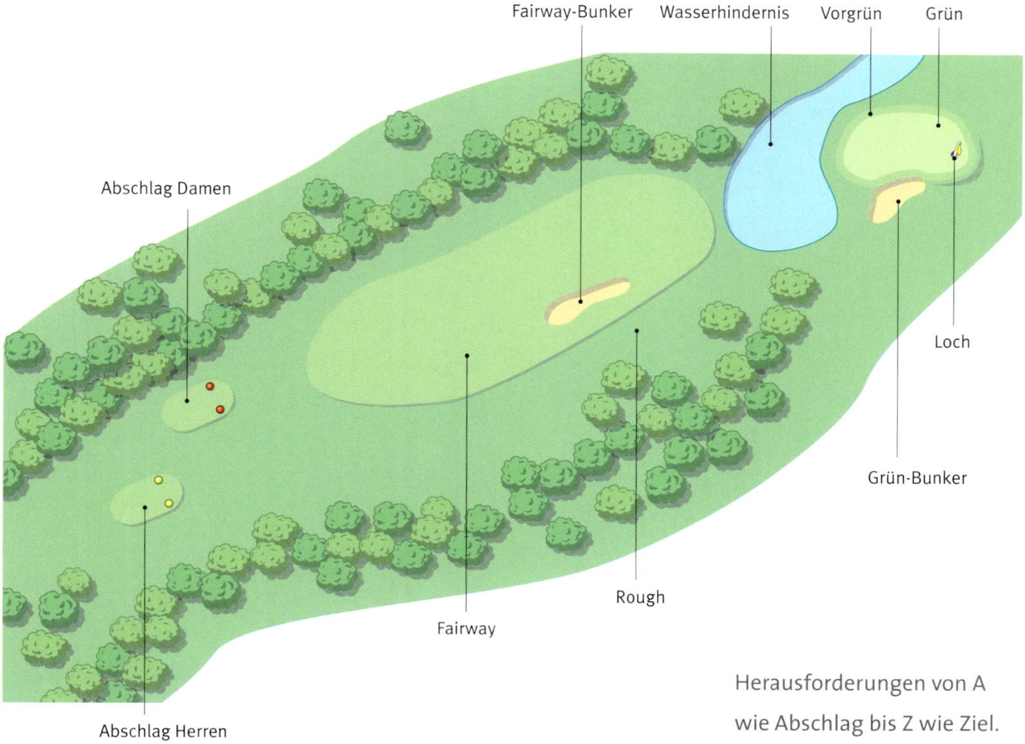

Herausforderungen von A wie Abschlag bis Z wie Ziel.

fühlt – so lange es nicht um seinen geliebten Score geht? Werden deshalb Herausforderungen der privaten Golfrunde zu Hindernissen oder gar zu Hemmnissen der Turnierrunde? Diese Frage sollte sich jeder Golfer ehrlich beantworten. Hier könnte das Übel seiner Angst vor dem Turniergolf oder das zeitweise Versagen während des Turniers liegen. Schon der Gedanke daran, dass es sich nicht um ein Hindernis (auch Hazard genannt) oder Hemmnis, sondern um eine Herausforderung handelt, kann den Turniergolfer motivieren. Vielleicht sollten sich auch die Herausgeber des Golf-Regelwerkes darüber Gedanken machen und bei der nächsten Überarbeitung der Regeln unter anderem die Regel 13-4 (Abergläubige bitte nicht auf die Zahl achten) ändern in: »Ball in der Herausforderungszone« statt »Ball im Hindernis«.

Art der Herausforderungen

Im Regelwerk wird zwischen Hemmnissen und Hindernissen klar unterschieden. Hemmnisse sind alle künstlich hergestellten Gegenstände von der Harke bis zur Dose, die auch straflos bewegt werden dürfen. Hindernisse sind alle Bunker und Wasserbereiche, die mit gelben oder roten Pfosten gekennzeichnet sind. Was nun den Turniergolfer hindert oder hemmt, ist von Spieler zu Golfer unterschiedlich und auch von Golfplatz zu Golfanlage verschieden: Das kann der Abschlag sein, von dem aus die Fahne nicht gesehen werden kann; der Fairwaybunker, der Vorgrünbunker, Wasser (gelbe Pfosten) oder seitliches Wasser wie Graben, Bach oder Teich (rote Pfosten), zeitweiliges Wasser, lose hinderliche Naturstoffe (Zweige, Blätter), schmale Fairways, Doglegs (Knick im

Checkbox

1 Welche Herausforderungen bietet Ihr Heimat- oder Lieblingsgolfplatz?

2 Listen Sie Details auf und überlegen Sie, wie oft Sie sich schon welchen Hindernissen von der abschüssigsten Stelle bis zum welligsten Grün stellen durften, um Ihre Spielstärke zu beweisen.

Vielleicht haben Sie ja auch einen Baum, den Sie besonders lieben und der Ihren Ball anzieht oder einen Teich, den Sie als Tierfreund gern umspielen, um die dazugehörigen Enten darin nicht beim Planschen zu stören.

Fairway einem Hundebein ähnelnd), Hang, Rough, Semi-Rough, Ausgrenzen, Bäume, Wald, Büsche, Hecken, Dünengelände (auch Links genannt), stufiges Grün, welliges Grün, Parkplätze (Seve Ballesteros schlug seinen Ball schon auf einen Parkplatz), Clubterrasse (vor den Augen der Restaurantgäste zu spielen, ist für manche Golfer eine ganz besondere Herausforderung) und nicht zuletzt Mitspieler, Mitbewerber, Gegner, Flightpartner, andere Spielergruppen, Spielführer, Greenkeeper und zuallerletzt das eigene Ich. Hinzu kommen die Herausforderungen durch die Jahreszeiten und die Wetterbedingungen zum Beispiel Regen. Für diesen Fall hat der erfahrene Turniergolfer vorgesorgt: mit Ersatzhandschuh, Handtuch, Regenanzug, Schirm und Mütze (Brillenträger sollten Schirmmütze tragen, die tief ins Gesicht gezogen werden kann, damit die Gläser nicht nass werden und beschlagen) und eine eigene Strategie entwickelt: Oberstes Gebot: Ball und Schlägergriffe trocken halten; Pre-Shot-Routine auf Regen umstellen: zuerst Probe schwingen, dann erst aufteen, damit der Ball in der Zwischenzeit nicht nass wird. Schläger möglichst lange in der Tasche halten und während des Spiels der anderen, Schläger bedeckt halten. Im Rough und auf dem Grün überprüfen, ob der Boden glitschig ist. Der Turniergolfer nimmt es wie es kommt und meistert alle Herausforderungen so gut es geht. Schwierige Situationen bringen ihn auf Grund seiner Übungen nicht ins Wanken.

Erst denken, dann entscheiden!

Der Caddie für den Amateur

Jeder Profi hat einen Caddie dabei, der die Golf-Ausrüstung zusammenstellt, die Golftasche trägt und mit ihm gemeinsam die Spiel- und Platzstrategie erarbeitet, ihn während des Spiels mit Informationen über den Verlauf der Bahn und der Puttlinie unterstützt, berät und in seelischen Tieflagen an seiner Seite steht. Auch Amateuren ist es laut Regel 6-4 erlaubt, einen Caddie mitzunehmen: »Der Spieler darf sich von einem Caddie unterstützen lassen, jedoch stets nur einen Caddie zu gleicher Zeit haben.« Die Spielleitung darf jedoch in den Wettspielbedingungen Caddies verbieten oder einen bestimmten Caddie nicht zulassen wie zum Beispiel Geschwister, Berufsgolfer, Elternteil, andere Wettspielteilnehmer. Der Caddie muss die Regeln kennen, da für jeden Regelverstoß seines Caddies der Spieler sonst die jeweils angesetzte Strafe erhält.
Ein Caddie kann dem Golfer auf der Runde schon einiges an Nebentätigkeiten abnehmen, die den einen oder anderen Spieler je nach Typ von den Hauptaktivitäten ablenken.

Tipps

1 Begeben Sie sich doch auch einmal mit einem Caddie, einem guten Golffreund oder einer Person, die Sie auch schon in anderen Lebenslagen gut beraten hat und Golfkenntnisse besitzt, auf die Turnierrunde.

2 Auf einer Proberunde könnten Sie den Caddie zuvor mitnehmen, um festzustellen, wie er sich benimmt bzw. wie Sie mit dieser für einen Amateur ungewöhnlichen Situation umgehen können.

3 Fragen Sie vorher die Wettspielleitung, ob sie es zulässt und stellen Sie, wenn möglich auch Ihre Flightpartner nicht vor vollendete Tatsachen. Sagen Sie, was Sie vorhaben und stellen Sie den Caddie vor.

4 Ihre Gespräche mit dem Caddie dürfen natürlich keinen der Mitspieler stören und Ihr Caddie darf auch niemanden behindern.

Nach dem Turnier

(Be)Wertung des Spielergebnisses

Im Zählspiel übernimmt die Spielleitung für das Addieren der Schlagzahlen und die Anrechnung der auf der Karte eingetragenen Vorgabe die Verantwortung. Im Vierball-Zählspiel ist sie auch für die Wertung des besseren Balls pro Loch zuständig, rechnet die auf der Zählkarte eingetragene Vorgaben an und zählt die Schlagzahlen des besseren Balls zusammen. In Par- und Stableford-Wettspielen rechnet die Spielleitung die auf der Zählkarte eingetragene Vorgabe aus, stellt das Ergebnis an jedem Loch fest und ermittelt das Gesamtergebnis bzw. die Gesamtpunktezahl. Der Turniergolfer braucht sich nur darum zu kümmern, dass seine Turnierkarte ordnungsgemäß ausgefüllt und seine Schlagzahlen gut lesbar eingetragen sind. Er muss weder rechnen noch addieren. Damit er aber nicht erst bis zur Siegerehrung auf sein Ergebnis warten muss, überträgt der erfahrene Turniergolfer seine Ergebnisse auf eine zweite Scorekarte, mit der er dann nach Abgabe der offiziellen Turnierkarte sein Turnierergebnis in aller Ruhe ermitteln kann. Dies ist nicht nur für neugierige und ungeduldige Spieler die beste Vorgehensweise, sondern auch für besonders misstrauische, die dann ihr ermitteltes Ergebnis mit dem der Spielleitung vergleichen können. Die zweite Scorekarte kann der Turniergolfer auch benutzen, um gleich nach dem Spiel, wenn seine Eindrücke vom Spielverlauf noch frisch sind, besondere Schwierigkeiten am Rand der jeweiligen Lochergebnisse zu notieren: zum Beispiel Loch 4 Par 4 vier Putts benötigt, Grün falsch gelesen; Loch 5 Par 5 Ball im Aus.

Erst nach dem Turnier bewerten Sie Ihre Schläge.

Tipp

Sie sollten Ihre Turnierergebnisse: Netto- und Bruttowert selbstständig ermitteln können.

Rechenbeispiele für Zählspiel nach Stableford

Folgende Faktoren muss der Turnierspieler kennen, um sein Ergebnis ermitteln zu können:

1. Seine Vorgabe;
2. die Anzahl seiner Vorgabenschläge;
3. den Schwierigkeitsgrad des jeweiligen Loches;
4. die schwierigen Löcher, an denen er Vorgaben hat;
5. Punktesystem nach Stableford;
6. seine Ergebnisse an jedem Loch;
7. Brutto- und Nettowertung.

Ein Spieler mit Vorgabe 28

Bei einer 18 Loch-Runde hat er zunächst an 18 Löchern einen Schlag vor: 28 Vorgaben – 18 Vorgaben = zehn restliche Vorgaben, die er auf die zehn schwierigsten Löcher verteilt. Er hat nun an den zehn schwierigsten Löchern zwei Vorgabenschläge und an acht Löchern einen Vorgabenschlag. Hat er zum Beispiel an dem schwierigsten Loch 5 (Hcp 1) und Par 4 sieben Schläge notiert, dann hat er Brutto keinen Punkt, da er mit drei Schlägen über Par keinen Punkt mehr bekommt. Aber Netto liegt er mit zwei Vorgabenschlägen (7 – 2) bei fünf und erhält 5 – 4, also einen Schlag über Par noch einen Nettopunkt.

Oder:

Loch 6 (Hcp 11, elft schwierigste Loch), also nur einen Vorgabenschlag, Par 4 sechs Schläge. Brutto erhält der Golfer keinen Punkt mehr, da er zwei über Par liegt. Netto jedoch liegt er mit einem Vorgabenschlag (6-1) bei fünf und damit ein Schlag über Par. Er erhält einen Nettopunkt.

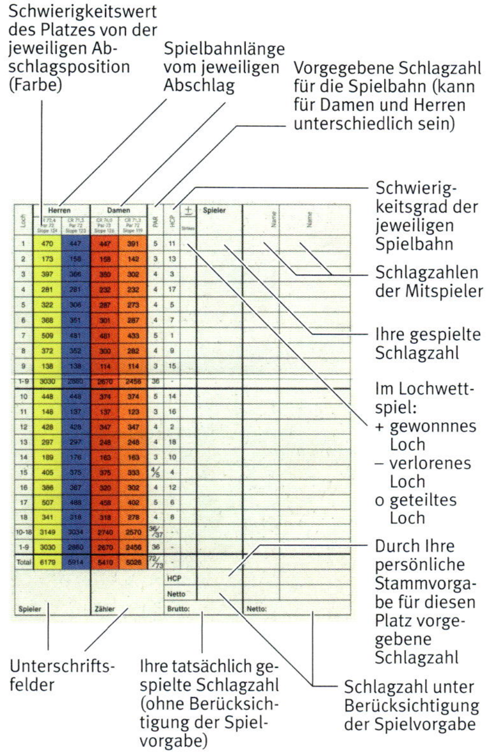

Die Scorekarte dokumentiert das Turnierergebnis.

Oder:

Loch 12 (Hcp 3, drittschwierigste Loch), zwei Vorgabenschläge, Par 4 fünf Schläge. Brutto liegt der Golfer einen Schlag über Par und erhält einen Punkt. Mit zwei Vorgabenschlägen liegt er bei drei (5-2) und damit eins unter Par, sodass er drei Nettopunkte registrieren kann.

Das Bruttoergebnis sieht für diesen Spieler bis jetzt nicht besonders aus, aber im Nettobereich kann er ein gutes Ergebnis erzielen. Das ist für Spieler im höheren Handicap-Bereich zufrieden stellend. Spieler mit niedrigerem Handicap bewerten ihr Bruttoergebnis höher als ihren Nettowert. Profis spielen nur Brutto.

Auswirkungen auf die Spielstärke

Ein Turnier sagt noch nichts über die Spielstärke, das Handicap, eines Spielers aus. Deshalb ist es für den Amateurgolfer wichtig, häufiger und regelmäßig Turniere im Rahmen seiner Möglichkeiten zu spielen. »Das Wissen um Ihre Spielstärke macht den Unterschied zwischen Wettbewerbsfähigkeit und Dummheit aus«, meint Greg Norman. Der Amateurgolfer sollte auch durchaus damit zufrieden sein, wenn er sein Handicap spielt oder in der Pufferzone liegt.

Rechenbeispiele

Ein Turniergolfer, mit Vorgabe 30 der DGV-Vorgabenklasse 5 zugeordnet, spielt drei Turniere: Im 1. Turnier spielt er 29 Stableford-Nettopunkte. Um sein Handicap zu spielen, hätte er 36 Stableford-Nettopunkte erreichen müssen. Nach dem Vorgabensystem liegt er nicht mehr im Puffer zwischen 31 und 36. Seine Vorgabe wird jetzt um 0,1 heraufgesetzt, sodass er jetzt die Vorgabe 30,1 hat.

Im 2. Turnier spielt er 34 Stableford-Nettopunkte und hat zwar wieder weniger als die erwarteten 36 Stableford-Nettopunkte, die er seinem Handicap entsprechend hätte spielen müssen. Seine Vorgabe wird aber nicht heraufgesetzt, weil er noch im Puffer zwischen 31 und 36 liegt.

Im 3. Turnier spielt er 40 Stableford-Nettopunkte und hat dadurch vier Punkte mehr als er bräuchte, um sein Handicap zu halten. Jetzt wird seine Spielvorgabe seiner Vorgabenklasse entsprechend herabgesetzt: Stammvorgabe 26,5 bis 36,0 –Herabsetzung für jeden Punkt über 36 Stableford-Nettopunkte 0,5. Das bedeutet: 4 x 0,5 = 2,0. Seine neue Vorgabe lautet jetzt: 30,1 – 2,0 = 28,1.

Besonders für Golfanfänger sind diese Rechenaufgaben etwas ungewohnt. Aber das sollte potenzielle Turniergolfer auf keinen Fall davon abhalten, sich damit zu beschäftigen. Diese Bewertungen der Spielergebnisse gehören genauso zum Spiel wie der Ball und das Grün. Bei Spielern mit Clubvorgaben zwischen 37 und 54 werden auch keine Heraufsetzungen vorgenommen. Sie können so oft und schlecht spielen wie sie wollen, ihre Vorgabe wird sich nicht verschlechtern. Sie kann sich nur verbessern und zwar um 1,0 für jeden Punkt über 36 Stableford-Nettopunkte.

Ein Golfer tritt mit der Clubvorgabe 54 bei einem vorgabewirksamen Turnier an und

Ermitteln Sie Ihre Spielstärke regelmäßig bei Turnieren.

beendet das Spiel mit 42 Stableford-Nettopunkten. Damit hat er sechs Schläge besser gespielt als er hätte spielen müssen, um seine derzeitige Clubvorgabe zu halten: 42 – 36 = 6. Da der Multiplikator im Clubvorgabenbereich 1,0 ist, wird seine Vorgabe um 6 x 1,0 = 6 herabgesetzt. Vorgabe 54 – 6 = 48, ist nun seine neue Vorgabe. Ein relativ großer Sprung für den Anfänger, der hier sehr gut gespielt hat. In diesem Bereich geht das Herunterspielen mit dem Multiplikator 1,0 im Vergleich zu 0,5 oder 0,4 in den Vorgabenklassen 5 und 4 schneller. Darin liegt jedoch auch die Gefahr beim Turniergolfer, sich zu überschätzen und zu überfordern, um sich schnellstens auf das ersehnte »reguläre« Handicap 36 herunterzuspielen. Schon mancher Golfer, der sich zu schnell heruntergespielt hat, ist an seinem stagnierenden Spiel schier zerbrochen. Irgendwann ist bei jedem Turniergolfer die Leistungsgrenze erreicht, und er muss erkennen, dass es von nun an nicht mehr so schnell geht, sich herunterzuspielen und er nur mit Ausdauer seine Spielstärke noch etwas verbessern kann. Der Golfanfänger unter den Turniergolfern darf nicht übertreiben und nicht zu viele vorgabewirksame Turniere spielen mit der Vorstellung und dem hohen Anspruch, sich stetig herunterzuspielen. Auch fortgeschrittene Golfer, die lange kein Turnier mehr gespielt haben, weil sie in vergangenen Tagen nur schlechte Turnierergebnisse erzielt haben, sollten sich wieder dem Turniergolf zuwenden.

Checkbox

1. Ihr großes Ziel als Amateur-Turniergolfer sollte sein, Ihre Spielstärke konstant zu halten.
2. Mit dieser Einstellung gehen Sie auf die Übungsanlagen.
3. Mit dieser Vorstellung trainieren Sie Ihren Geist und Ihren Körper.

Überfordern Sie sich nicht beim Turniergolfen.

Interpretation des Spielerverhaltens

Zur erfolgreichen Nachbereitung des Turniers gehört die Überprüfung des eigenen Verhaltens auf der Turnierrunde. Die erbrachte Turnierleistung basiert auf verschiedenen Verhaltensweisen: auf dem Umgang ...

- des Spielers mit sich selbst: Kondition und Konzentration, Energie und Emotionen,
- mit dem Spielverlauf und Spielsituationen: Aufenthalte, Spielfluss, Dauer des Turniers,
- mit der Spieltaktik: aggressiv, offensiv, defensiv, kreativ
- mit der Herausforderung des Spielortes: Hindernisse und Hemmnisse,
- mit den Flightpartnern: kommunikative Kompetenz,
- mit anderen Turnierteilnehmern: soziale Kompetenz
- mit der Golfausrüstung und dem Golfball: Technik.

Beurteilen Sie nicht nur Ihre Spielstärke, sondern auch Ihr Spielverhalten.

Rekonstruieren Sie den Spielverlauf mit dem Fokus auf Ihrem Verhalten, während Sie sich duschen und umkleiden oder auf der Heimfahrt nach der Siegerehrung, an der Sie aus Respekt vor der Leistung der Turnierteilnehmer teilnehmen, auch wenn Sie selbst keinen Preis zu erwarten haben.
Sie haben nun schon etwas Abstand gewonnen von den Erlebnissen im Turnier.
Lassen Sie zunächst Ihren Gedanken freien Lauf, so wie sie kommen: negative, positive, grübelnde, ärgerliche, um Ihre Eindrücke vom Turnier zu verarbeiten.

Checkbox

Versuchen Sie kurz darauf, Ihre Gedanken etwas zu steuern mit Fragen dieser Art:

1. Wie habe ich mich während des Turniers verhalten?
2. War ich körperlich oder geistig überfordert?
3. Hatte ich mich emotional im Griff?
4. Habe ich taktisch gespielt?
5. Hatte ich Probleme mit dem Platz?
6. Wie war das Zusammenspiel mit meinen Flightpartnern?
7. Wie haben meine Flightpartner gespielt?
8. Würde ich mit meinen Mitspielern gern wieder auf die Runde gehen?
9. Wie war mein technisches Spiel?
10. Was war mein schönster Schlag?
11. Welche Gesamtnote (Schulnote von 1 bis 6) im Verhalten gebe ich mir?

Der Eintrag ins Turnier-Tagebuch

Tagebuch-Schreiben ist nicht nur etwas für Träumer und Poeten. Den Verlauf eines Tages kurz zu skizzieren, ist eine bewährte Methode, mit den Erlebnissen und Geschehnissen besser fertig zu werden, sie aufzuarbeiten und wenn möglich auch so zu bearbeiten, dass sich daraus eine positive Wende ergibt. Im Berufsleben werden über wichtige Besprechungen Protokolle angefertigt, in einigen Branchen wird sogar eine Art Tagebuch geführt, um den genauen Verlauf der Arbeiten, unvorhersehbare Schwierigkeiten und außergewöhnliche Vorfälle zu dokumentieren. Nichts anderes tut der Spieler, der den Verlauf seines Turnierspiels kurz zusammenfasst und besondere Vorkommnisse vermerkt.

Beginnen Sie Ihren Turnier-Tagebuch-Eintrag mit den formalen Angaben zu Turnierzeit, Ort und Turnierart und begeben sich dann gedanklich auf die Golfanlage vom Parkplatz beginnend und eventuell im 19. Loch beendend (siehe Klappe). Sie schreiben sich Ihren Frust von der Golferseele und schlagen symbolisch eine Seite Ihres Turnier-Tagebuchs zu, um nach dem nächsten Turnier wieder auf einer neuen Seite mit Elan zu beginnen.

Der Tag danach

Sie haben den Turniertag mit dem Eintrag in Ihr Turnier-Tagebuch abgeschlossen und sollten sich nun am Tag nach dem Turnier, nachdem Sie etwas auf Distanz gegangen sind, gelassen mit der Ermittlung Ihrer Stärken und Schwächen beschäftigen.

Beginnen Sie jedes Turnier mit Elan und Schwung.

Spielen Sie Ihren Turnierfilm noch einmal in Ihrem Kopf ab.

Zunächst richten Sie Ihr inneres Auge auf die schönen Erlebnisse, die Sie stichwortartig auflisten.

Dann lassen Sie die negativen Gedanken zu. Lesen Sie in Ihrem Tagebucheintrag nach, wie Sie die Turniersituation gestern beschrieben haben.

Gibt es bereits mehrere Einträge zu Turnieren, die Sie gespielt haben, blättern Sie auch noch etwas zurück, um festzustellen, ob sich Beschreibungen und Hinweise über die Turniere gleichen oder ob neue Störfaktoren bzw. weitere Erfolgserlebnisse hinzugekommen sind.

Einen Tag später sieht man einiges ganz anders, meistens nicht mehr so negativ. Bernhard Langer vertritt die Auffassung, dass »die beste Zeit zum Üben eigentlich dann ist, wenn das Spiel gut läuft, weil man dann den Schlag unbeschwert verfeinern kann. Amateure üben meistens nur, wenn

Ihr Arbeitsplatz ist die Driving Range, Ihr Spielplatz die Golfanlage.

Checkbox

1 Listen Sie auf einem Blatt mit zwei Spalten links Ihre Stärken auf und rechts Ihre Schwächen, die Sie aus der heutigen Sichtweise ermitteln.

2 Ordnen Sie Ihre Angaben zum Beispiel Nervosität, chaotische Vorbereitung, schlechtes kurzes Spiel, gute Drives, schöne Putts den Kategorien: eigene Person, Spielerumfeld, Spieltechnik und Spieltaktik zu.

3 Ziehen Sie Bilanz und überlegen Sie, was Sie unternehmen müssen, damit die Liste Ihrer Stärken länger wird als die Ihrer Schwächen.

4 Müssen Sie sich geistig mehr oder anders vorbereiten, ist es die Technik, die versagt hat?

sie in Schwierigkeiten sind. Je mehr Sie im ersten Fall üben, desto besser ist es für Ihren Schlag. Im zweiten Fall müssen Sie sich einen ganz spezifischen Plan zurechtlegen, um der akuten Schwierigkeiten Herr zu werden«.

Konsequenzen für das nächste Turnier

Regelmäßig üben, um konstant zu spielen, sind die Voraussetzungen für erfolgreiches Turniergolf. Und ein schlechtes Turnier sagt noch nichts über Ihre Spielstärke aus. Deshalb melden Sie sich gleich für das nächste Turnier an und nutzen wieder die Chance, Ihre Schwachstellen weiter aufzuspüren und daran zu arbeiten. Setzen Sie sich für das nächste Turnier bereits jetzt Ihr Etappenziel. Darauf bauen Sie Ihre Trainingsphase bis zum Turnierstart auf. Ihr großes Ziel für

Turniergolf ist es, konstant gute Leistung in Turnieren zu erbringen und Routine im öffentlichen Spielen zu bekommen. Haben Sie zum Beispiel ermittelt, dass es in der Vorbereitungsphase Schwachstellen gibt, dann ändern Sie daran etwas. Bleiben Sie bescheiden und erfreuen Sie sich an kleinen Fortschritten. Ich wünsche Ihnen für Ihre Auftritte als Turniergolfer, dass

- Sie standfest und schlagfertig sind,
- Sie in jeder (Ball-)Lage Balance halten und Ruhe bewahren,
- Sie sich in schwierigen Spielsituationen im Griff haben,
- Sie Fehlschläge akzeptieren,
- Sie Schicksalsschläge ertragen,
- Sie immer wieder von vorne anfangen und durchstarten.

Herzlichen Glückwunsch zur Turnierreife!

Empfehlenswerte Turniere

Gut organisierte und hoffentlich jede Golfsaison in verschiedenen Golfclubs stattfindende Turniere sind:
Allianz Cup, A-ROSA Open, Asbach Gentlemen's Cup, Audi Junior Challenge, Audi Ladies Cup, Audi Quattro Auswahldrive, BMW Golf Cup, Capri-Sonne-International German Boys and Girls Championships, Deka Golf Cup, DiDaGO, Dresdner Bank Golf Cup, HARIBO Matchplays, JAB-Anstoetz Damenturnier, Jaguar Golf, Karlsberg Open, Kaufhof-Hickory Turnier, Lancaster Open Damen, Mercedes-Benz CLK Challenge, Nestle-Charity-Cup, Saab Golf Cup, Steigenberger Golf Cup, Tchibo Trophy, TUI, Veltins Cup, Volvo Cup, Wellendorf Longest Drive.

Üben Sie besonders dann, wenn Ihr Spiel gut läuft und nicht nur, wenn Sie unzufrieden sind.

Register

Literatur

Crowcroft, Sue: Kagami Golf. Der natürliche Weg zu gutem Golf. BLV Verlag, München 1993.

Enhager, Kjell: Meistergolf. Die Erfolgsstory vom natürlichen Schwung. Rowohlt Verlag, Reinbek bei Hamburg 1993.

Faldo, Nick: Ein Schwung fürs Leben. Jahr Verlag, Hamburg 1995.

Langer, Bernhard: Putten leicht gemacht. Besser Golf Spielen. Rowohlt Verlag, Reinbek bei Hamburg 1992.

Langer, Bernhard: Meine Lebensgeschichte. Höhen und Tiefen meines Lebens. Hänssler Verlag, Holzgerlingen 2002.

Leadbetter, David: Golf perfekt. Jahr Verlag, Hamburg 1990.

Murphy, Michael: Golf und Psyche. Der Weg zum ultimativen Golf. Ernst Kabel Verlag, Hamburg 1994.

Neff, Brigitte: Golf-Knigge. Fairplay auf dem Fairway. BLV Verlag, München 2004.

Nicklaus, Jack: So spiele ich Golf. Jahr Verlag, Hamburg 1974.

Norman, Greg: Golf für Fortgeschrittene. Jahr Verlag, Hamburg 1995.

Penick, Harvey: Golf-Weisheiten. Das kleine rote Buch. BLV Verlag, München 1994.

Ton – That: Golfzitate. Edition Art, Design & Golf.

Welch, Jack: Was zählt. Econ, München 2001.

Woods, Tiger: So spiele ich. BLV Verlag, München 2001.

Golfmagazin 2/04. Jahr Top Special Verlag, Hamburg.

Golf Style International. MUCmedia, Gmund bei München.

Hinweis
Das vorliegende Buch wurde sorgfältig erarbeitet. Dennoch erfolgen alle Angaben ohne Gewähr. Weder Autor noch Verlag können für eventuelle Nachteile und Schäden, die aus den im Buch vorgestellten Informationen und Übungen resultieren, eine Haftung übernehmen.

Bibliografische Information Der Deutschen Bibliothek
Die Deutsche Bibliothek verzeichnet diese Publikation in der Deutschen Nationalbibliografie; detaillierte bibliografische Daten sind im Internet über http://dnb.ddb.de abrufbar.

BLV Buchverlag GmbH & Co. KG
80797 München

Bildnachweis
Avenue Images: S. 19, 30, 63 oben, 70 beide, 75, 97, 101, 102, 103 oben, 108, 110, 128
Golf Club St. Leon-Rot: S. 6/7, 28/29, 90/91
Illuscope: S. 32, 62, 66, 81, 87, 103 unten, 105, 109, 113, 120, 127, 130, 136, 138, 140
Kölbing, A.: S. 125
PNS/Stephan: S. 9, 34, 141
Seer: S. 1, 2/3, 11, 12, 16, 24, 25, 27, 36, 38, 39, 40, 42, 43, 45, 46/47, 48, 50, 51, 53, 57, 58, 63 unten, 65, 67, 68, 69, 71, 72, 73, 74, 79, 83, 84, 85 (2), 88, 92, 95, 98, 100, 104, 106/107, 111, 114, 115, 116, 117, 118, 119, 122, 123, 124, 132/133, 134, 137, 139
Seer/Look: S. 11
Stengel: S. 60

Grafiken: Jörg Mair, Herrsching

Umschlaggestaltung:
Joko Sander Werbeagentur, München
Umschlagfotos:
Vorderseite: Gettyimages
Rückseite: Corbis (Mark Gamba)

Lektoratsleitung: Sabine Schulz
Lektorat: Manuela Stern, Dr. Christa Söhl (Rodenberg)
Layoutkonzept: Sabine Fuchs
Layout: Anton Walter, Gundelfingen
Satz: agentur walter, Gundelfingen
Herstellung: Rosemarie Schmid

Gedruckt auf chlorfrei gebleichtem Papier

Printed in Germany · ISBN 3-405-16898-8